절세와 벌금 사례로 풀어보는
중국 세무 가이드

절세와 **벌금** 사례로 풀어보는

중국 세무 가이드

노성균 지음

e 비즈북스

프롤로그 매출이 적으면 적어서 망하고,
잘되면 잘돼서 관리가 어려운 중국 사업 · 9

1장　중국 법인 설립 후 무엇을 해야 할까?　　　　　　　19

법인 설립 중 필요한 자금은 어떻게 조달할까?
회계처리는 어떻게 할까? · 21

법인 설립 후 법인 계좌를 개설하는 절차 및 필요 서류 · 25

법인 설립 후 언제 세무국에 등록해야 할까? · 27

세무국 등록 시 제출해야 할 서류와 관리 요령 · 30

세율 확정? 증치세 세율은 매출 상품에 따라 정해질 텐데
뭘 또 한다는 거야? · 32

소규모납세자 vs 일반과세자, 어느 쪽을 선택해야 할까? · 35

사무실 임대 계약 시 유의해야 할 세무 이슈 · 39

법인 운영 시 필수적으로 알아야 할 세무신고(관리 포함) 주기와 절차 · 41

첫 납세 신고 시 흔히 발생하는 실수와 대처법 · 43

중국은 외환 관리가 엄격하다고 하던데…
어떤 주의 사항이 있을까? · 47

경험담 1   해외투자 신고 지연으로 추후 상장에 영향이 있다는 회사 · 51

2장　절세 사례로 이해하는 개인소득세　　　　　　　　53

중국은 사회보험이 약 50% 가량 된다던데, 이걸 다 내야 하나? · 56

외국인 집값과 자녀교육비는 복리후생비 항목이니,
회계 직원 혹은 세무사가 복리후생비로 처리하라던데? · 59

외국인은 개인소득세가 면제되는 항목이 있다는데,
물어보면 그냥 하면 된다고 한다? · 60

외국인 면세와 관련한 실제 고용계약서 작성,
면세 신청 및 신고는 어떻게 하나? · 64

중국에는 연말정산이 없다던데? · 71

중국의 인센티브를 활용한 절세 방법 · 73

그 외 한국의 개인소득세와 다른 점 · 75

거주자/비거주자 신분에 따른 세금 차이가 있다? · 77

중국에서 외국인을 채용할 때 주의해야 할 점은? · 80

중국 거주 외국인 A씨가 2024년 올해 30일간
외국에 나가야 하는 이유 · 84

경험담 2 월급을 중국에서 50%, 한국에서 50% 받는 게
당연하다는 분들의 벌금 사례 · 92

경험담 3 외국인 취업증 미발급으로 인한 중국 벌금 사례 · 94

3장　절세와 벌금 사례로 이해하는 증치세　　　　97

세금계산서 수취 후 6개월이 넘었다고
매입세액공제를 안 해준다고? · 100

귀찮다고 보통 세금계산서를 받는 직원 혹은 사장님들 · 104

연 매출이 120만 위안 이하인 소규모납세자는
증치세가 면제된다? · 105

중국 회사가 해외 법인에 컨설팅을 해주면 증치세가 면제된다? · 107

일반과세자로 전환했더니 오히려 더 이익인 회사? · 110

유지보수 vs. 용역서비스 계약, 그게 그거 아냐? 왜 세율이 달라? · 115

한국과 중국에서 세금계산서와 증치세가 갖는 차이점 · 117

재무담당자의 실수로 2억의 증치세를 환급받지 못한 사례 · 119

중국은 상품 판매를 하지 않으면 매입세액공제를 해주지 않는다? · 123

경험담 4 식품을 만들어 팔까? 사다 팔까?
간단한 조리 추가로 증치세 11%를 절감한 사례 · 125

4장 절세와 벌금 사례로 이해하는 기업소득세   127

영수증을 모아 세금을 줄일 수 있다는 세무사와 회계 직원? · 129

중국의 기업소득세율 25%는
소규모 사업자의 경우에도 동일한가? · 131

직원 급여를 더 주고 개인소득세를 더 납부했더니
전체 세금이 줄어든 사례 · 131

이익이 많이 늘어 직원 복지로 절세를 시도했지만,
세금이 줄어들지 않았던 사례 · 133

이익이 나지 않아도 중국에 세금을 납부해야 한다? · 135

한국의 법인세와 다른 중국의 기업소득세 · 136

대기업은 2년 넘게 고전했던 상표 로열티, 중소기업은
어떻게 한 달 만에 완료했을까? · 139

세무조사 대응 전략 · 141

경험담 5 세수가 부족하다고 세무조사를 나온
동북 지역 세무공무원과의 협상 사례 · 146

5장 절세와 벌금 사례로 이해하는 원천징수/해외송금   149

중국에서의 해외송금은 왜 이리 오래 걸릴까?
일부러 늦장을 부리나? · 151

해외에 송금할 때 납부하라는 세금은 뭐가 그리 많은 거야? · 154

동일한 서비스 계약인데, 중국 업체마다 납부 세금이 다른 이유? · 156

계약서 문구 하나 잘못 썼을 뿐인데 2천만 원의 손해를 본 사례 · 158

배당 시 한국에서 실질적으로 수령 가능한 금액은? · 160

경험담 6 올해 세수 목표를 달성했다고 이번 달 세금을
다음 달에 내라는 상해 세무공무원 · 162

6장   중국의 회계처리 실무, 한국과 무엇이 다른가?   165

중국의 회계, 세무는 발생주의가 아니라 세금계산서 기준? · 171
중국에서는 재고수불부를 맞추기 어려운 이유? · 174
중국에는 왜 법인카드가 없을까? · 176
중국에서 외자기업은 왜 회계감사보고서를 작성해야 하나? · 180
경험담 7 소득세를 납부할 때만 되면 세금을 내지 말자는 사장님들 · 183

에필로그 · 185

부록   중국의 회계제도 & 세무규정   187

부록 1. 중국 소기업회계기준 · 190
부록 2. 중국 적격증빙 규정 · 232
부록 3. 중국 개인소득세법 · 237
부록 4. 중국 증치세 임시 조례 · 242
부록 5. 중국 기업소득세법 · 249

참고자료 · 254

프롤로그

매출이 적으면 적어서 망하고, 잘되면 잘돼서 관리가 어려운 중국 사업

"사업 수완이 없어서" 실패한 사람들과, 영업은 잘됐는데 "재수가 없어서" 실패한 사람들

중국은 14억 인구를 보유한 매력적인 규모의 시장이다. 하지만 그 매력의 이면에는 치열한 경쟁, 다양한 규제, 소통하기 어려운 공무원과 직원들이 존재한다. 한국에서 사업을 한다는 사람 가운데 중국에 관심 가져본 적 없는 사람이 있겠냐마는, 30년간의 성적표를 열어 본 지금 중국은 두려움의 대상이 되었다. 중국에서 사업을 하는 사람들 중에는 정말 다양한 케이스가 있다.

- 중국 진출을 너무 쉽게 생각해 실패한 사람들
- 반대로 중국 진출을 너무 어렵게 보고 시기를 저울질하다 기회를 놓친 사람들
- 출발이 늦었지만, 악조건에도 불구하고 밑바닥에서부터 시작하는 사람들
- 중국시장의 현실이 생각과 달라 여러 번 실패한 후에야 자리를 잡은 사람들

- 한국에서 하던 대로 했는데, 그 방식이 중국에서도 통해 로 또 맞은 사람들 등

이 책은 1%의 행운으로 성공한 사업가의 이야기를 다루지 않는다. 99%의 평범한 사업가들이 겪는 현실적인 이야기를 중심으로 풀어가고자 한다.

중국 사업이 잘되는데도 접는 사람들

필자는 해외에 있다는 이유로, 그리고 중국의 법인 설립과 세무를 조금 안다는 이유로 많은 중소기업 사업가분들을 만났다. 중국에 처음 진출하는 분들은 중국의 특정 사업에 외자기업이 투자할 수 있는지, 어떠한 투자 구조가 좋은지 등, 중국에서의 법인 설립과 세무에 궁금한 점들이 많아 이에 대한 질의를 하시고, 필자는 관련 답변을 해드린다. 반면 이미 중국에서 사업을 하고 있는 분들이 필자를 만나자고 한다면, 그건 대부분 문제가 생겼기 때문이다. 중국 사업에서 봉착하는 문제는 보통 노동법 혹은 세무가 주를 이루는데, 필자는 노동법 전문은 아니니 세무와 관련된 상담을 한다. 상담을 하면서 필자가 깨달은 것 한 가지는 다음과 같다.

　중국 사업을 접는 대부분의 사람들은 매출이 줄어 사업을 철수하는 것이 아니다. 물론 매출이 나오지 않으면, 혹은 시장과 고객에 대한 이해가 부족하면 사업을 접을 수밖에 없다. 그러나 문제는 오히려 사업이 잘돼서 사업을 접는 경우가 있다는 것이다. 이해가 가지 않을 것이다. 매출이 증가하는데 왜 사업이 휘청하고, 벼랑에 몰리

고, 결국엔 문을 닫게 되는가? 필자도 처음엔 이해가 가지 않았다.

그런데 200여 명의 사업자를 만나면서 필자는 이 상황이 조금씩 이해가 가기 시작했다. 직원 5명에서 10명 사이의 소규모 사업장은 사장이 회사의 직원들을 잘 관찰한다. 각 부서 직원들이 무슨 일을 하는지, 직원들 집안에 어떤 대소사가 있는지, 누가·언제·어떤 업무를 맡을 때 문제가 생기는지. 그러니 문제가 생겨도 내 손안이다. 그러다 사업이 커지기 시작하면 문제가 내 손을 벗어나기 시작한다. 매출이 적을 때는 크게 부각되지 않았던 회계 보고 및 세무신고상의 문제들이, 매출이 증가하면서 점점 밖으로 드러나기 시작한다. 회사 규모가 커질수록 직원들 능력의 한계도 드러난다. 필자가 보기엔 출납 수준의 업무만 다룰 수 있는 직원이 회계와 세무신고 업무를 함께 맡고 있다. 세무신고를 한 경험이 없는데도 여전히 잘 모르는 채로 개인소득세, 증치세(한국의 부가가치세), 기업소득세 신고를 한다. 능력과 정보가 부족한데 엎친 데 덮친 격으로 시간도 부족하다. 물론 직원 본인도 지금 맡은 일이 본인의 역량을 넘어선다는 것을 잘 알고 있다. 하지만 그렇다고 해서 자신은 능력이 없으니 위로 사람을 뽑아달라고 할 수도 없는 일이다. 상관이 오면 스스로의 존재 가치가 떨어질 것이고, 그동안 잘못 처리한 업무들이 적발될 것이고, 결국 자신은 해고를 당할 것이기 때문이다. 결국 몇 달 후 몇 가지 일을 저지르고 퇴사를 한다. 퇴사를 한다는 건 이미 본인이 초래한 위험이 감당할 수 있는 수준을 넘어섰다는 의미다. 회계·세무 업무에 구멍이 났다는 건 회사에 컨트롤타워가 없다는 뜻일 수도 있다. 중국어로 된 문서를 사장님이 일일이 확인할 수도 없다. 사업이 잘

되면 그럴 시간은 더더욱 없다. 영업, 마케팅, 구매 인력은 관리 인력이 아니다. 이들은 돈을 사용하는 부서들이다. 이렇게 제대로 된 회계 세무 관리 인력이 없는 상태로 사장님이 회사를 방임하거나 말도 안 되는 탈세를 시도한다면 잘되던 회사도 당연한 수순으로 무너진다. 이제 다음의 두 사례를 보면서 이야기를 이어가보자.

재무에 관심 없는 사장이 운영했던 A 회사의 사례

A 회사의 사장님은 건강상의 이유로 더 이상 사업을 운영할 수 없게 되어, 가족 중 한 명에게 사업의 전권을 넘겼다. 필자는 사장이 바뀐 후 재무 업무에 대한 무료 상담차 해당 업체에 방문했다. 방문 당시, 이 회사는 상당히 안정적이었으나 약간의 문제가 있었다. 사업을 인수받은 가족이 회사가 돌아가는 사정을 전혀 몰랐던 것이다. 물론 모르면 배우면 된다. 그러나 정작 더 큰 문제는 당사자가 해당 업무에 관심이 없다는 데 있었다. 물론 본인은 관심이 있었다고 강변할 것이다. 그러나 그는 그것을 행동으로 보여주지 않았다. 사장직을 본격적으로 맡은 후에도 회사에 출근하지 않았다. 회사 회계 담당자(외주업체)를 한 번도 만나지 않아, 담당자 얼굴도 몰랐다. 담당자로부터 자료는 받는데 그게 어떤 내용인지도 모르고, 회계 담당자가 돈을 달라 하면 자금만 송금해주는 식이었다. 이 경우 회사 총경리를 새로 채용하든, 사장님이 회계 지식을 직접 배우든 두 가지 선택지 사이에서 선택을 했어야 했다. 그러나 결국 어떠한 대책도 마련하지 않고 있다가 6개월이 지난 후, 필자에게 미팅을 요청했다. 다시 만나자는 연락을 받았을 때, 필자는 당연히 상황이 더 나빠졌을 거라고

생각했고 그 짐작은 정확히 들어맞았다. 이야기를 들어보니 직원들이 모두 퇴사를 한다고 통보했단다. 누군가 새로 회사를 차리고 모든 직원들을 그 회사로 데려가려 한 것이었다. 기존 거래처도 안정적인 업체와 거래하기를 원하니, A 회사와 거래를 끊고 직원들이 차린 회사와 새로 거래를 튼다는 이야기를 들었다고 한다.

보통은 직원들이 잘못했다느니, 경우가 없다느니 이런 말들을 할 것이다. 하지만 필자는 오히려 사장님이 운이 좋았다고 생각한다. 직원들이 바로 퇴사하지 않고 1년 가까이 버텼으니, 참 오래 기다려 준 상황이었다. 기존 상사인 그 가족분에 대한 예우였으리라. 그러나 회사를 방치하니 날이 갈수록 관리는 더 어려워지고, 매출도 이익도 줄어드는 상황. 직원들도 살기 위해 나름 특단의 조치를 취할 수밖에 없었을 것이다. 이때 들은 사장님과 직원의 대화 한 구절이 아직도 기억에 남는다.

사장님: 네가 나가면 나는 어떻게 살아?
직원: 저는 저대로 살 테니, 사장님은 사장님대로 사세요.

사장님과 직원의 위치가 뒤바뀐 대화다. 사장님은 직원들의 장기적인 생존을 위해 할 일을 했어야 했다. 물론 그것은 당신 자신을 위한 일이기도 했다. 직원들이 생존할 수 있었다면 굳이 퇴사를 하고 다시 회사를 차리진 않았을 테니 말이다.

사업은 잘되는데 세무의 기본을 무시했던 B 회사의 사례

B 회사는 무역회사였는데 매년 매출이 20~30%씩 증가하고 있었

다. 필자와 연락이 닿은 시점에 이 회사의 한국 사장님은 중국 회사와 합자를 하다가 100% 외상독자법인으로 변경했다. 합자회사를 운영할 때 중국 파트너는 고객관리와 중국 법인의 회계 및 세무 업무를 맡았고, 한국 사장님은 거래처 공장의 생산을 책임지고 있었다. 이후 외상독자법인으로 변경하며 모든 업무를 새로 맡게 된 한국 사장님은 혼자서도 순조롭게 사업을 이어나갔다. 그런데 매출이 늘어남에 따라 이익도 점점 늘어나니 세금을 내기가 아까웠다. 직원에게 나가는 비용을 줄이고자 회계 직원이 아니라 출납 수준의 직원을 고용했다. 그리고 전에 중국 파트너가 가짜 영수증을 사는 것을 곁눈질로 보았던 기억을 떠올렸다. 사장님은 새로운 직원에게 영수증을 구해오라고 시켰고, 직원도 위험성을 잘 모르니 시키는 대로 영수증을 구입했다. 게다가 겁도 없이 일반 영수증도 아니고 세금계산서를 구입해서 증치세 매입세액공제를 받았다. 이 회사는 11억 원짜리 세금계산서를 구입했고, 그 비용으로 8천만 원을 지급했으며, 세무국으로부터 1억 2천만 원을 환급받았다. 결과적으로 4천만 원의 이익을 보았으니 정부를 상대로 사기를 쳐서 돈을 번 셈이다. 결국 사기는 적발됐지만 이 사장님은 운이 나쁜 게 아니라 운이 좋아 오래 버틴 것이다.

　세금계산서를 구입한 시점으로부터 1년 6개월이 지나자 정부에서는 세무조사를 나왔고, B 회사에는 결국 2억의 벌금이 부과되었다. 사업이 얼마나 잘됐는지 이 회사에서 2억은 3개월이면 벌 수 있는 돈이라 벌금을 납부했다고 한다. 사장님이 필자를 찾아온 시점은 2억의 벌금을 이미 납부한 후였다. 세무국에서 추가 벌금을 부과했는데 그 내용이 이해가 가지 않아서 찾아왔다고 했다. 회사의 세무 담당자에게도 물어봤으나 모르겠다는 답변이 돌아왔다고 했다.

자세한 내막을 함께 확인해보니, 2억은 증치세에만 해당하는 벌금이었다. 추가로 부과된 벌금은 기업소득세에 대한 것으로, 먼저 납부한 돈의 4배인 8억에 달했다. 가짜 세금계산서 11억이 비용으로 인정되지 않으니 기업소득세율 25%에 벌금 50%가 부과되었고, 하루 0.05%의 납부지연이자는 연간으로 환산하여 18.25%에 달했다. 그리고 간이과세자로부터 받은 8억짜리 가짜 계산서가 추가 적발되어 여기에도 기업소득세 25%, 벌금 50%, 납부지연이자 연 18.25%가 부과되었다. 이 모든 것을 도합한 금액이 총 8억가량 되었던 것이다. 이 사장님의 경우, 상담 후 벌금이 감당되지 않아 야반도주를 준비하고 있다는 소식까지 들려왔다.

가짜 영수증 이슈로 보고 대수롭지 않게 생각할 수도 있지만, 사실 이 사례는 발생하기 어려운 최악의 경우다. 기본적인 상식만 있어도 하지 않을 행동을 세 가지나 했기 때문이다.

첫째, 기본 회계 자격증도 없는 직원에게 출납 업무를 맡겼다. 기본 자격증만 있었어도 이런 무식한 탈세를 진행하지는 않았을 것이다. 100% 적발될 수밖에 없는 사기인데, 법망을 빠져나갈 수 있을지도 모른다는 착각을 했던 것이다. 거기다 일반 영수증도 아니고 증치세 전용 계산서(한국의 세금계산서)를 구매했으므로 시간의 문제이지 반드시 세무조사가 나올 수밖에 없는 상황이었다.

둘째, 사장님이 너무 개념이 없었다. 회계와 세무에 대한 기본도 모르면서 그냥 세금만 적게 냈으면 좋겠다? 그럴 수는 없다. 아무리

용감한 중국인 사장도 잘 모르는 브로커를 통해서 영수증을 구입하지는 않는다.

셋째, 추후 확인된 사항인데 이 사장님은 세무신고를 대리기장 업체를 활용하여 진행했다. 근데 그조차 정식대리기장 자격증을 갖춘 업체가 아니라 개인이었다. 물론 개인에게 맡길 수도 있지만, 이 경우는 제대로 회계하는 사람도 아니고 출납보다 조금 나은 정도의 수준이었으며, 소통도 제대로 되지 않았다.

이 세 가지 중 하나만 제대로 챙겼어도 이 정도의 참사는 발생하지 않았을 것이다. 게다가 일이 잘되고 있는데도 사업을 접어야 하는 경우이기에 더욱 안타까울 따름이다. 매출이 감소하여 사업을 접는 경우는 안타까워도 어쩔 수 없다는 생각이 든다. 하지만 장사가 잘되는데도 그것을 관리하지 못해 사업을 접는 불상사는 발생하지 않았으면 한다. 이와 같은 마음으로 필자의 노하우를 정리한 것이 바로 이 책이다.

이 책을 어떻게 활용하면 좋을까?

중국 세법에 대한 책들은 이미 수십 종이 넘는다. 그런 상황에서 필자가 굳이 또 한 권을 더하는 이유는 간단하다. 필자는 회계와 세무로 24년, 그중 중국에서만 18년을 보내며 수없이 많은 질의를 받았다. 엇비슷하면서도 조금씩 다른 질문에 회신을 거듭하며, 실무에서 마주치는 난관과 궁금증을 일목요연하게 정리한 책이 있으면 좋겠다는 생각이 들었다. 독자들이 궁금해하지 않을 질문에 답할 필요는 없다고 생각했기 때문에, 이 책은 필자가 그간 실무에서 가장 많이 받았던 질문을 중심으로 구성되었다. 그리고 그 응답에는 18년간 중국에서 겪었던 좌충우돌의 경험이 녹아 있다. 여러분은 단순한 책이 아니라 한 사람의 경험을 사는 것이다. 필자의 경험이 여러분에게 큰 도움이 되기를 바란다. 회계와 세법 규정이 필요한 독자라면 시중의 다른 책을 골라서 사전을 보는 것처럼 필요한 부분을 찾아 함께 읽어보기를 권한다. 이 책 또한 순차적으로 읽어도 무방하나, 차례를 보고 평소 이해가 어려웠던 부분, 해결이 되지 않았던 부분을 찾아보는 방식으로 읽는 것도 좋을 듯하다.

한 가지 더 말하자면, 책을 읽다 보면 질문이 유사한 경우도 있고, 질문의 내용은 다르지만 그에 대한 답변이 중복되는 경우도 있을 것이다. 이는 그만큼 많은 사람들이 공통적으로 어려워하고 궁금해하는 부분이 있음을, 그리고 서로의 고민이 달라 보여도 그 해법은 같을 수 있음을 보여주는 것이기도 하니, 각자의 경험에 비추어 읽어보길 바란다.

마지막으로 사업 초기에도 믿고 업무를 맡겨주신 고객분들, 살림이 풍족하지 않을 때 흔쾌히 천만 원이 넘는 학원비를 내주신 사랑하는 어머니, 아무도 필자를 믿지 않을 때 대책 없이 잘될 거라는 믿음으로 매력적인 고정수입을 포기하고 퇴사를 허락해준 아내, 그리고 책을 쓴다는 핑계로 함께 시간을 보내지 못했음에도 너그러운 마음으로 이해해준 딸 가영이에게 깊은 감사와 사랑을 전한다.

2025년 4월 상해에서

CHAPTER 01

중국 법인 설립 후 무엇을 해야 할까?

법인 설립 중 필요한 자금은 어떻게 조달할까?
회계처리는 어떻게 할까?

　　　　　　　　　　이번 장에서는 법인 설립 후 알아야 할 업무의 주요 사항에 대해서 정리해보려고 한다. 첫 번째로 다룰 주제는 자금과 관련한 것으로, 상담을 하다 보면 매우 자주 받는 질문이다. 법인 설립 전, 설립 중, 그리고 설립 후, 각각의 시기마다 필요한 자금을 어떻게 준비하고 회계처리는 어떻게 해야 하는가? 사실 단적으로 말하자면 자금 조달 및 운영에 대한 명확한 지침은 없다. 필자가 중국에서 근무한 초기 5년 동안, 이 문제에 대한 참고자료가 없어 많은 어려움을 겪었던 기억이 난다. 계열사로부터 자금을 빌리기도 하고, 파트너사로부터 대출을 받기도 하는 등 그때 그때 임시변통으로 어려움을 넘겼다.

　　그런데 은행, 회계법인 등 그 어디에 문의해도 담당자들은 자금 조달이 왜 문제가 되는지 이해하지 못했다. 연결이 되면 다른 부서에 문의해 보라는 답변을 할 뿐 우리에게 필요한 답변을 해주는 곳이 없었다. 자금은 자본금 납입 후 사용하면 된다는 원론적인 답변만 되풀이할 뿐이었다. 하지만 법인 설립 전에도, 설립 중에도 자금이 필요하다. 또한 법인을 설립한 후에도 자본금을 납입하기까지 3주 정도의 추가 시간이 필요하다. 그럼 그 기간 동안 필요한 자금은 어떻게 조달할 것인가? 이것이 사업을 시작하는 많은 이들이 가지는 궁금증이다. 법인 설립 중 필요한 자금을 마련하는 방법으로, 다소 비공식적일 수도 있지만 실무적으로 활용 가능한 세 가지 방법을 제시해 본다.

첫째, 투자자가 직접 비용을 부담하는 방법이 있다. 중국 법인이 부담해야 할 비용을 투자자인 한국 법인이 대신 납부하고 한국에서 비용처리하는 방법으로, 실제 가장 많이 사용된다. 회사 명칭이 나오기 전까지 발생하는 비용은 투자자가 직접 부담하고 한국 내에서 시장조사비나 해외출장비 또는 용역비 등으로 처리할 수 있다. 단 금액이 적지 않거나, 투자자의 비용이라기보다는 명확한 중국 법인의 비용이라면, 한국 세무당국의 세무조사 시 문제가 될 수 있다는 점을 사전에 유의하고 진행해야 한다.

둘째, 외자기업 '전기비용 외환계좌'를 개설하는 방법이 있다. 전기비용 외환계좌란, 회사 명칭이 확정된 상태에서 투자자 명의로 외환계좌를 개설해 필요한 비용을 사용하는 계좌다. 추후 이 비용을 법인의 자본금으로 전환할 수 있다. 이는 가장 정상적인 방법이지만 계좌를 개설하는 데 3일에서 일주일이 걸린다. 회사 명칭이 확정된 후 법인을 설립하는 데에는 2~3주가 소요되므로, 실제 자금을 사용할 수 있는 기간은 1~2주밖에 되지 않고 업무만 복잡해지는 단점이 있어 실무적으로 잘 사용하지는 않는다. 이는 투자 금액이 수십, 수백억에 달하는 적정 규모 이상의 회사에 적합한 방법이다.

셋째, 법인 설립 후 세금계산서를 발행받는 방법이 있다. 이는 가장 현실적이고 실무에서 자주 사용하는 방법으로, 우선은 기존에 개인이 보유한 자금 혹은 한국 본사에서 가불받은 자금을 사용한다. 단 법인 설립이 아직 완료되지 않았기 때문에, 비용을 사용할 때마다 공급 업체의 양해를 얻어 자금집행을 법인 설립 후로 늦춰야 한다. 혹은 회사가 아닌 개인이 선결제로 자금집행을 하고, 세금계산서는 추후 법인 설립이 완료되면 발행해달라고 요청하는 방법이 있다. 법인을 설립하고 자본금을 납부하고 나면, 그때 공급상으로부터 계산서를 받고 해당 비용을 지급한 후 공급상에게 보증금 개념으로 선지급한 자금을 돌려받는다. 개인 자금이었다면 해당 공급상으로부터 개인이 돈을 받으면 되고, 한국 본사의 가불(가지급)이었다면 공급상으로부터 돈을 받아 한국본사에 갚는다.

참고를 위해 회계처리 방법을 간략하게 설명해보도록 하겠다. 법인 설립 전 발생한 비용에는 개업비开办费 항목을 활용할 수 있다. 이를 위해서는 비용 발생 시점과 무관하게, 법인 설립 완료 후 회사명과 세무 번호가 기재된 정규 영수증发票(한국의 세금계산서)을 발급받아야 한다. 개업비와 관련해서 과거에는 재미있는 상황이 있었다. 원래 회사는 세무국에 등록이 되어야 세무신고를 할 수 있다. 회사가 존재하기 전에 증치세增值税, VAT나 기업소득세는 발생할 수 없다. 그런데 직원에 대한 급여, 즉 개인소득세는 회사가 없어도 발생할 수 있다. 그러나 이를 담당 세무공무원에게 문의해도 '신고하지 말라'는 답변을 듣는 경우가 많았다. 물론 이 답변에 담당 세무공무원이 책임을 지는 것은 아니므로 모호한 영역, 즉 리스크가 생긴다. 사실 이때는 개인소득세를 납부하고 싶어도 납부할 수 있는 방법이 없었다. 그래서 실무상으로는 대부분의 급여비용을 개업비로 처리하고 세금을 납부하지 않았다. 이는 세무 제도의 과도기에서 발생한 절세 아닌 절세로, 당시 직원들만 혜택을 본 방법이다.

말이 나온 김에 회사가 세무국에 등록되기 전, 즉 법인 설립을 완료하기 전 개인소득세를 처리하는 세 가지 방법을 이야기해보겠다.

첫째, 리스크도 적고 절세도 되며 가장 안전한 방법이 있다. 바로 법인 설립 완료 전의 급여를 해당 연도의 일시 인센티브로 처리하는 방법이다. 현재 고객사들이 관련 질문을 하면 필자는 대부분 이 방식을 권하고, 많은 회사들이 이를 받아들여 실행하고 있다.

둘째, 세무국 등록 전 발생한 개인소득세를 담당 세무공무원의 협조를 통해 수기로 신고하는 방법이다. 필자의 전 직장에서도 이런 식으로 진행을 한 적이 있다. 다만 과거와 달리 지금은 개인소득세가 100% 전산화되었기 때문에 현실적으로 어려울 듯싶다.

셋째, 앞서 설명한 개업비로 처리하는 방식이다. 단 이는 법인 설립 시 단 한 번만 적용할 수 있는 방법이며 100% 책임을 질 수도 없다. 이 방법을 실질적으로 활용하려면 현지 회계법인 혹은 현지 세무국에 반드시 확인을 거치고 진행해야 한다. 다만 세금 납부가 연간 기준으로 바뀐 지금은 그마저도 실행이 어려울 것이다.

법인 설립 후 법인 계좌를 개설하는
절차 및 필요 서류

법인 설립이 완료된 후 가장 먼저 해야 할 일 중 하나는 법인 명의로 은행 계좌를 개설하는 것이다. 기존 계좌가 있는 법인이 추가로 계좌를 개설할 때도 필요한 서류는 동일하다. 이전에도 법인 계좌 개설 시, 기업의 존재 및 실제 활동 여부를 확인하기 위해 현장 방문이 이루어졌지만, 2020년 3월부로 중국 인민은행(한국의 한국은행에 해당)은 은행들에게 실질 주소 여부를 확인하도록 더 강화된 지침을 내렸다. 은행마다 약간의 차이는 있으나, 일반적으로 계좌 개설 전에 은행 직원이 직접 사무실을 방문하여 회사 명패와 사무실 현장 등을 촬영하고, 이를 증빙 자료로 제출한다. 또한 법인 계좌를 개설할 때 제출하는 자료 역시 은행 시스템에 업로드해야 한다.

따라서 계좌 개설 전 은행에 사무실 방문 예약을 해야 하며, 이때 영업집조(한국의 사업자등록증) 원본, 법인 대표 여권(또는 신분증) 원본, 사무실 임차계약서, 정관, 회사 명패 등을 준비해 은행 직원을 사무실에서 맞이해야 한다. 사무실 방문이 완료되면 다시 일정을 확인하고 은행 계좌 개설 예약을 진행해야 한다. 참고로, 사무실은 영업집조에 등록된 주소와 실질 주소가 달라도 무방하다(2025년 1월 기준). 현장 검증 기준이니 은행에서는 영업집조상의 주소가 아니라 실질 주소를 확인한다. 이러한 사전 예약 절차로 인해, 과거 2~3일이면 완료되었던 한국계 은행의 계좌 개설도 1~2주 정도의 기간이 소요되는 경우가 생겼다. 중국계 은행은 사무실 방문 일정이 몰릴 경우, 계좌 개설에 1개월 이상 소요될 수 있으니, 사전에 일정을 확인하고 예약해야 한다.

아래는 은행에서 계좌를 개설할 때 일반적으로 요구하는 서류다. "왜 이렇게 서류가 많아?"라고 생각할 수 있다. 하지만 은행 입장에서는 모든 서류가 필요하며, 인민은행 혹은 외환관리국의 감사에서 자료 부족이 적발될 경우 수억 혹은 수십억의 벌금을 물 수도 있다. 서류 요구가 까다롭더라도 이러한 불상사를 방지하기 위한 조치임을 이해해야 한다.

은행 계좌 개설 시 일반적으로 필요한 서류

- **营业执照正本及副本** 영업집조 정본과 부본
  : 영업집조는 한국의 사업자등록증에 준하는 서류이며 정본은 A3 규격, 부본은 A4 규격이다. 계좌 개설 주체의 사업자등록증이므로 당연히 가지고 있어야 한다.
- **公司公章及法人章, 财务章** 법인 인감 및 법인 대표 인감, 재무 인감
  : 중국에서 인감은 기본이 세 가지이니 모두 준비해야 한다.
- **法定代表人护照原件 和手机号码** 법인 대표 여권 원본 및 핸드폰 연락처
  : 법인 대표가 한국 본사의 임원인 경우, 중국 핸드폰이 없어 은행 등록이 어려운 경우가 있다. 중국 직원의 핸드폰을 마치 중국 법인 대표의 핸드폰인 것처럼 등록하는 편법이 있으나, 문제가 생겼을 경우 직접 전화 등을 받아야 하니 중국 핸드폰은 반드시 개설하는 것을 권한다.
- **公司章程** 회사정관
  : 회사 내역 및 규정을 확인해야 하니 필요하다.
- **税务登记证原件** 세무등록증 원본
  : 과거 설립한 회사는 가지고 있지만, 2016년 이후 설립한 회사에는 별도

로 발급되지 않는 서류이니 무시해도 된다.
- 组织机构代码证正本 **조직기구 코드증 원본**
  : 이 역시 2016년 이후 설립한 회사에는 발급되지 않으니 무시해도 된다.
- 外汇登记证(业务登记凭证) **외환등기증 원본**
  : 외자기업이 자본금 계좌를 개설할 때 은행에서 발행해준다.
- 租赁合同原件及复印件 **사무실 임대차계약서 원본 및 사본**
  : 현장 검증이 이루어지는 실질 사무실을 기준으로 발행된다. 참고로 실질 사무실 주소가 영업집조상의 주소와 다를 경우, 영업집조상 주소의 임대차계약서는 불필요하다.
- 投资者营业执照 **투자자 영문 사업자등록증**
  : 공상국에 제출하는 것은 번역 후 공증·인증(아포스티유 인증)이어야 하나, 은행에는 복사본을 제출해도 무방하다. 단 투자자로 등록된 법인명과 일치하는 서류를 제출해야 한다. 투자자 회사명이 영문이면 영문, 중문이면 중문이 표기된 사업자등록증을 제출해야 한다.
- 其他银行要求的文件 **기타 은행에서 요구하는 서류**
  : 정부 부처에서 요구하는 서류에는 항상 **기타 요청 서류** 라는 문구가 포함되어 있다. 은행 역시 마찬가지다.

여기까지 법인 설립 완료 후, 은행 계좌를 개설하는 절차와 필요 서류를 알아보았다. 다음은 법인 설립과 계좌 개설을 마친 후 진행해야 할 업무인 세무국 등록에 대해 알아보도록 하자.

법인 설립 후 언제 세무국에 등록해야 할까?

'세무등기관리방법 国家税务总局令第36号'

에는 영업집조營业执照(한국의 사업자등록증) 수령 후 30일 이내에 세무 등기를 완료해야 한다고 명시되어 있다. 그러나 실제로 30일 이내에 세무 등기를 완료하는 것은 쉽지 않은 일이다. 통상 영업집조에 기재된 날짜는 영업집조 서류를 받은 날짜보다 3~5일 정도 앞서 있다. 그리고 세무국에 등록하기 전에는, 먼저 위에서 설명한 은행 계좌 개설을 완료해야 한다. 이에 외국계 은행이나 한국계 은행은 1~2주, 중국계 은행은 내부 심사과정이 있어 3주 이상의 기간이 소요된다. 이렇게 이런저런 절차들을 처리하는 데 4주가 그대로 지나가 버린다. 명시된 기간 내 세무 등기를 완료하기에는 시간이 촉박하여, 이는 아무도 지킬 수 없는 유명무실한 법이 되어버렸다. 결국 세무국 등록이 법인 설립 완료 후, 즉 영업집조 출력 후 한 달 안에 진행되지 않는다 하더라도 벌금을 부과하는 사례는 거의 없다는 말이다. 대개 두 달 내에 등록이 완료된다면 아무런 문제가 되지 않는다. 6개월 만에 세무국 등록을 완료했음에도 제재를 받지 않은 경우도 있었다. 심지어 1년 후에야 세무국에 등록했지만 매월 200위안(약 4만 원)씩, 12개월 동안 총 2400위안(약 48만 원)의 벌금만을 납부한 사례도 있다. 법인을 설립한 후 실질 업무가 이루어지지 않으니 담당자는 몰랐고, 업무 대행사도 까맣게 잊어버렸던 것이다.

    법인 설립 후 아래와 같은 경우에는 세율 확정 업무를 지연 처리할 수 있다. 여기서 세율 확정 업무란 중국식 표현이고, 실질적으로는 '세무국 신규 등록'에 해당하는 업무라고 이해하면 된다.

- 법인 설립 후 장비, 인테리어, 상품 구입 등 매입세액공제 사항이 없는 경우
- 실질적인 매출이 발생하지 않아 세금계산서를 발행할 필요가 없는 경우
- 해당 지역 세무국에서 별도로 등록 요청을 하지 않은 경우

위의 세 가지가 모두 해당된다면 세율 확정 업무를 지연 처리할 수 있다. 다만 앞서 소개한 사례처럼 벌금이 부과될 수 있으니 이 점은 사전에 확인을 해야 한다. 세무국 등록은 아래 네 단계를 포함한다.

1. 세무국 신규 등록 및 세율 확정 신청
2. 세무국 담당 공무원 확정
3. 3자 협의서 체결: 은행, 세무국, 회사 3자 간 세금자동납부 신청 협의
4. 전자세금계산서 신청 및 계산서 한도 확인

위의 네 가지 프로세스가 완료되었다면 비로소 세금계산서를 발행할 수 있는 권한을 갖추게 된다. 중국은 세금계산서를 세무국 시스템을 통해서만 발행할 수 있다. 중국의 새로 개업한 식당에서는 영수증 발행이 한두 달 지연되는 사례를 종종 볼 수 있는데, 위의 네 가지 업무처리가 완료되지 않았기 때문이다.

이상으로 법인 설립, 법인 계좌 개설 그리고 세무국 등록에 대한 설명을 끝냈다. 다음은 세무국 등록 시 제출해야 하는 서류에 대해 알아보도록 하자.

세무국 등록 시 제출해야 할 서류와 관리 요령

2015년 행정 절차 간소화를 위해 세무국 등록과 관련한 서류들이 영업집조로 통합되었고, 과도기에는 영업집조와 그 이전 서류들이 함께 존재하다가 2017년 말 중국의 세무등기증은 역사 속으로 사라졌다. 또한 중국의 세무 번호도 법인 설립 시 부여받는 영업집조 번호统一社会信用代码로 통합되었다. 세무등기증은 더 이상 존재하지 않지만, 법인 설립 후 중국의 세무국에 등록하는 절차는 여전히 필요하다. 10년 전 이야기를 굳이 꺼내는 이유는, 아직도 제출 서류에 세무등기증을 표기해 놓은 한국과 중국의 은행, 외환관리국, 대행사들이 있기 때문이다. 10년이 지난 지금도 여전히 '한국에서 세무등기증을 제출하라고 하는데 이게 무엇이냐'고 묻는 분들이 많아 참고차 적는다. 세무국 등록에 필요한 주요 서류는 아래와 같다.

세무국 등록에 필요한 주요 서류

- 营业执照正本及副本复印件 영업집조 원본 및 사본
  : 지금은 전자 영업집조가 발급되므로 원본을 제출할 필요는 없다.
- 法人代表身份证明原件及复印件 법인 대표 신분증명서 원본 및 사본
  : 대표가 중국인이라면 원본 제출은 필요 없고, 사본만으로 가능하다. 다만 법인 대표가 외국인인 경우, 신분 인증을 위해 세무국에 방문하여 사진을 찍는 절차가 있을 수 있다.
- 财务负责人及税务经办人身份证明复印件 재무 책임자 및 세무 담당자 신분증명서 사본

- **公司章程复印件** 회사 정관 사본
- **公司公章及法人代表人名章** 회사 인감 및 법인 대표 인감
- **公司住所证明文件** 회사 주소 증명 서류
  : 기본적으로 임대차계약서를 준비하면 되지만, 경우에 따라 임대료 세금 계산서나 납부 확인증(이체 내역)을 요구할 수도 있다.
- **银行开户证明** 은행계좌개설 증명서
  : 이전에는 은행 계좌를 개설하고 나면 인민은행(ex.한국은행)에서 '은행계좌개설 증명서'를 발급해주었으나, 지금은 개설 업무를 진행한 은행에서 발행하는 것으로 변경되었다.

위에서 주요 서류를 정리해두었지만, 마지막으로 세무국에 등록할 때 꼭 빠지지 않는 문구도 소개한다. "지역이나 업종에 따라 추가 서류가 요구될 수 있으므로, 관할 세무국에 사전 문의하여 정확한 서류 목록을 확인하세요." 위 서류를 준비했다 해도, 꼭 관할 세무국에 확인하는 것을 잊지 말자.

　이 책이 출간되고 몇 달 혹은 일정 기간이 지나면 클릭 몇 번으로 세무국 등록을 완료할 수 있는 날이 올 것이다. 필자가 18년 동안 지켜본 세무국은 매월 업무 개선이 되고 있으니, 관련 절차를 1년만 확인하지 않아도 격세지감을 느낄 것이다. 한때 블로그나 이메일로 세무국 등록 관련 질문을 많이 받았다. 당시에는 대행사나 재무담당자가 업무를 잘못 처리했거나 복잡한 절차 때문에 질문이 많았다. 하지만 요즘에는 질문이 거의 없다. 아마 시스템이 정비되고 절차가 단순화되면서, 대부분 큰 무리 없이 처리하고 있기 때문일 것이다. 결국 이런 과정과 변화가 있었다는 정도로만 이해하고 넘어가면 될 것 같다.

지금까지 중국에서의 세무국 등록 절차와 필요 서류에 대해 알아보았다. 다음은 중국에서 세무국 등록에 왜 '세율 확정'이라는 용어를 사용하는지 알아보도록 하자.

세율 확정? 증치세 세율은 매출 상품에 따라 정해질 텐데 뭘 또 한다는 거야?

세무등기증이 사라진 지금은 '세무국 등록'이라는 말 대신 '세율 확정核定税种'이라는 표현을 주로 사용한다. 즉 세율 확정이라는 표현 안에 세무국 등록이 전제되어 있는 것이다. 세무국에 등록할 때는 세율 확정 프로세스가 반드시 동반된다. 그런데 중국에서는 이러한 과정이 왜 필요한가? 한국의 경우 부가가치세VAT율이 일정하다. 면세 혹은 과세, 과세라면 일괄 10%의 세율이 적용된다. 그러나 중국은 판매하는 상품과 서비스에 따라 VAT, 즉 증치세 세율이 다르다. 그래서 회사가 판매하는 상품 혹은 서비스를 신고하고 세율을 확정해야 한다. 즉 어떤 상품/서비스를 판매하는지 담당 세무공무원에게 설명을 하면 담당 세무공무원이 그에 해당하는 세율을 확정해주는 식이다. 예를 들면,

 A 법인: 우리는 옷을 판매합니다.
 담당 세무공무원: 그럼 증치세 세율은 13%입니다.
 B 법인: 우리는 상품 판매는 하지 않고 컨설팅을 합니다.
 담당 세무공무원: 그럼 증치세 세율은 6%입니다.

> **C 법인:** 우리는 의류, 화장품 판매도 하고, 컨설팅도 합니다.
>
> **담당 세무공무원:** 그럼 증치세 세율은 의류, 화장품은 13%, 컨설팅은 6%입니다. 단, 연간 상품 매출 500만 위안 이하는 소규모납세자에 해당하니 모두 3%이고, 일반과세자가 되었을 때 13%/6%로 진행하세요.

일부 지역 세무국은 두 가지 세율을 동시에 확정하는 것을 허용하지 않는다. 이때 회신은 아래와 같다.

> **담당 세무공무원:** 둘 중 하나만 먼저 하시고, 추후 실제 서비스가 발생했을 때 추가로 증치세 세율을 신청하세요. 어떤 매출이 주요 매출인가요? 상품인가요? 서비스인가요?
>
> **C 법인:** 의류, 화장품 판매요.
>
> **담당 세무공무원:** 그럼 일단 13%로 하시고, 추후 실제 서비스 매출 계약이 생겨서 계산서를 발행한다면 그때 6% 서비스 증치세 항목을 신청하세요.

이런 식이다. "이런 걸 알아서 하지 뭘 상담까지 하고 정해?"라고 의아해할지도 모르겠다. 물론 시간이 지나 시스템이 개선되면 역사 속으로 사라질 대화가 아닐까 싶다. 그래도 이 과정이 아직은 중요하니 상품 혹은 서비스별 세율을 아래에 정리해 보았다.

상품/서비스별 증치세 세율

- 6%: 金融服务 금융 서비스, 研发服务 연구개발 서비스, 技术服务 기술 서비스

> 예) 보험, 신제품 개발 컨설팅, 소프트웨어 개발, IT 서비스, 자문 등
> - 9%: 农产品 농산품, 图书 도서, 饮用水 음용수
>   예) 쌀, 밀, 옥수수, 학습교재, 일반 서적, 생수, 정수된 음료 등
> - 13%: 农业机械 농업기계, 工业设备 산업장비, 家用电器 가전제품
>   예) 제조공정기계, 전자부품, 제조설비, 가전제품 그리고 일반 상품

장비, 제품, 상품 중 세율이 9%에 해당하는 항목을 제외하고는 대부분 13%라고 생각하면 된다. 그리고 일반적이지는 않지만 증치세가 5%인 경우도 있다. 예외적으로 부동산 매도 및 임대, 노무파견 서비스를 제공하는 납세자가 증치세 5%에 해당하니 참고만 하면 된다.

증치세 세율의 종류가 많아 한국보다 복잡하다고 느낄 수도 있으나, 과거에는 더 복잡했던 것이 위의 세 가지, 즉 13%, 9%, 6%로 단순화된 것이다. 일반 상품에 대한 증치세 세율도 17% → 16% → 13%로 순차적으로 줄어들었다. 그리고 중국도 한국처럼 소규모납세자小规模纳税人(한국의 간이과세자)의 경우 낮은 세율이 적용된다. 중국에서는 소규모납세자에게 상품, 서비스 모두 3%의 세율을 부과한다. 다만 현재는 우대 세율을 적용하고 있어, 2027년 말까지 소규모납세자는 3%가 아니라 1%의 증치세만 납부하면 된다.

이렇게 증치세 세율이 정해짐과 동시에 세무국 등록은 완료된다. 이어 다음 장에서는 증치세 세율이 정해질 때 소규모납세자와 일반과세자 중 어느 쪽을 선택하는 것이 유리한지에 대해 설명해보도록 하겠다. 정확히 어떤 차이가 있는지 모르고 잘못 선택했다가 낭패를 본 사례들이 있기 때문이다.

소규모납세자 vs 일반과세자, 어느 쪽을 선택해야 할까?

앞에서는 세무국 등록 시, 증치세 세율을 확정하는 것에 대한 주의 사항을 설명했다. 이 업무는 사업자에게 선택권이 없다. 하지만 세무국 등록 업무 중에는 사업자가 선택할 수 있는 부분도 있다. 바로 일시적으로 소규모납세자와 일반과세자 중 하나를 선택하는 것이다.

소규모납세자와 일반과세자 중 무엇을 선택하는 것이 유리한지 궁금해하는 사람들이 많다. 참고차 인터넷에서 관련 질의응답을 살펴봤다. 그런데 소규모납세자가 유리하다고 답변하거나 일반과세자가 유리하다고 답변하는 등, 어느 한 쪽의 손을 드는 답변만 있었다. 상황에 따라 달라질 수 있다는 설명을 하는 사람은 없었다. 사실 유불리 여부는 상황에 따라 다르다. 과거에는 대부분 소규모납세자가 유리했지만, 지금은 일반과세자가 유리한 경우도 많다. 정확히 따져보려면 아래 항목들을 살펴봐야 한다.

1. 거래 상대방이 누구인가? (매입세액공제를 받는 회사인가?)
2. 상품 판매 이익률이 어떠한가?
3. 매출 흐름이 어떻게 되는가?
4. 매입세액공제의 형태는 어떠한가?
5. 해외 무역 거래가 있는가? 규모는 어느 정도인가?

이중 가장 중요한 1번과 2번에 대해서 자세히 이야기해보자.

1 거래 상대방이 누구인가?

거래 상대방이 일반과세자라면 나도 일반과세자로 등록하는 게 유리하다. 일반과세자는 매입세액공제를 받을 수 있으니 매입원가가 낮아진다. 예를 들어, 증치세 13% 기준으로 113위안짜리 상품을 공급받는다면 매입세액공제를 통해 실제 매입원가는 100위안이 된다. 반면, 소규모납세자는 매입세액공제를 받을 수 없으니 매입원가가 그대로 113위안이다. 이 경우에는 일반과세자가 훨씬 유리하다.

물론, 상황이 항상 이렇게 단순하지는 않다. 소규모납세자는 일반과세자로부터 물건을 구매하기보다 다른 소규모납세자로부터 더 저렴하게 물건을 구입하는 경우가 많다. 하지만 거래 상대방이 규모 있는 일반과세자라면 나도 일반과세자로 전환하는 게 낫다. 특히, 상대방이 티몰 같은 플랫폼 기업이거나 대기업이라면 고객의 요청에 따라 일반과세자가 필수 조건일 수밖에 없다.

2 상품 판매 이익률이 어떠한가?

이번에는 거래 상대방(고객, 매출처)이 일반과세자가 아니라 개인 혹은 소규모납세자인 경우를 보자. 이 경우는 상품 이익률에 따라 유불리가 달라진다.

상품 이익률에 따른 유불리 예시

1. 이익률이 20%일 때
일반과세자든 소규모납세자든 90.4위안(VAT 13% 포함)에 구입하여 113위안 (VAT 13% 포함)에 판다고 가정한다.

일반과세자: 매입세액공제를 받으므로 공급가 80위안(VAT 별도)에 구입하여 100위안(VAT 별도)에 판매하는 것과 같다.
- 매입원가: 80위안
- 매입증치세: 10.4위안 (매입원가 × 13%)
- 매출: 100위안
- 매출증치세: 13위안 (매출액 × 13%)
- 이익: 20위안 (매출액 − 매입원가)
- 납부한 증치세: 2.6위안 (매출증치세 − 매입증치세)

소규모납세자: 소규모납세자는 매입세액공제를 받을 수 없으므로 매입원가는 증치세를 포함한 90.4위안이다.
- 매입원가: 90.4위안 (공급가액 80위안 + 매입증치세 10.4위안)
- 매출: 109.71위안 (판매가 113위안 ÷ 1.03)
- 매출증치세: 3.29위안 (매출액 × 3%)
- 이익: 19.31위안 (매출액 − 매입원가)
- 납부한 증치세: 3.29위안 (매출증치세)

위의 예시를 보면 이익률이 20%일 때 일반과세자는 20위안의 이익, 소규모납세자는 19.31위안의 이익이 발생한다. 증치세는 일반과세자가 2.6위안, 소규모납세자가 3.29위안으로 소규모납세자가 더 많이 낸다. 따라서 이익률이 20% 이하라면 일반과세자가 유리하다.

2. 이익률이 30%일 때

일반과세자든 소규모납세자든 79.1위안(VAT 13% 포함)에 구입해서 113위안(VAT 13% 포함)에 판다고 가정한다.

일반과세자: 매입세액공제를 받으므로 공급가 70위안(VAT 별도)에 구입하여 100위안(VAT 별도)에 판매하는 것과 같다.
- 매입원가: 70위안
- 매입증치세: 9.1위안
- 매출: 100위안
- 매출증치세: 13위안

- 이익: 30위안
- 납부한 증치세: 3.9위안

소규모납세자: 역시 마찬가지로 매입원가는 증치세를 포함한 금액이다.
- 매입원가: 79.1위안
- 매출: 109.71위안
- 매출증치세: 3.29위안
- 이익: 30.61위안
- 납부한 증치세: 3.29위안

이익률이 30%일 때 일반과세자는 30위안의 이익, 소규모납세자는 30.61위안의 이익이 발생한다. 반면 증치세는 일반과세자가 더 많이 낸다. 따라서 이익률이 30% 이상이라면 소규모납세자가 조금 더 유리하다. 그러므로 결론을 정리하자면 다음과 같다.

- 이익률이 20% 이하일 경우 일반과세자로 선택하는 것이 유리하다.
- 이익률이 30% 이상일 경우 소규모납세자로 선택하는 것이 유리하다.
- 그 사이의 경우 매입세액공제 등 추가적인 요인을 따져야 한다.

3 기타

추가로 고려해야 할 현실적인 문제가 있을 수 있다. 실질적으로 소규모납세자는 일반과세자로부터 물건을 잘 구입하지 않는다. 증치세 13%가 부과되나 매입세액공제가 되지 않으므로 경쟁력이 없기 때문이다. 고객이 개인 혹은 소규모납세자이고 내 사업의 증치세가 소규모납세자인 경우, 나 또한 일반과세자가 아닌 소규모납세자로부터 물품을 구입하게 될 가능성이 높다. 이 경우에는 각 상품의 이익률과 관계없이 소규모납세자가 더 유리할 수 있다.

또 다른 케이스도 있다. 서비스 무역의 경우에는 일반적으로 소규모납세자가 유리하다. 증치세에서 매입세액공제를 받을 수 있는 금액이 크지 않고, 세금도 일반과세자는 3%가 아닌 6%를 납부해야 하기 때문이다. 다만 예외적으로 서비스를 해외로부터 공급받아 중국 내에서 서비스 매출을 일으키는 경우에는 일반과세자가 유리하다. 이와 관련된 상세한 내용은 3장 5절 "일반과세자로 전환했더니 오히려 더 이익인 회사?"를 참고하면 된다.

이상 증치세를 기준으로 소규모납세자와 일반과세자 중 어느 쪽을 선택하는 것이 유리한지에 대해서 설명했다. 이 지점에서 상세한 계산을 하기보다는 거래상대방, 이익률, 매출구조에 따라 선택이 달라질 수 있다는 큰 흐름만 이해하면 좋을 듯싶다. 다음은 법인 설립부터 은행 계좌 개설 그리고 세무등록까지 다방면에 전반적으로 영향을 미치는 사무실 계약에 대해서 설명하겠다.

사무실 임대 계약 시 유의해야 할 세무 이슈

사무실은 법인을 설립할 때 필요할 뿐만 아니라, 법인 은행 계좌를 개설하거나 세무국에 등록할 때에도 필요하다. 따라서 사무실 임차 계약을 하기 전 아래의 사항들을 주의 깊게 살펴보아야 한다.

첫째, 법인 설립 주소로 사용 가능한 사무실인지 확인한다. 먼저 방찬증房产证(부동산 소유권 증명 문서)에 용도가 상업용이라고 쓰여 있는지 확인해야 한다. 중국어로는 사무용도办公用途라는 표현이 그에 해당한다. 가정용인 경우 공상국(법인등록을 관리하는 중국 정부부처)이든 세무국이든 사무실 주소로는 등록할 수 없다. 하지만 만약 "가정용/사무용"과 같은 식으로, 용도가 함께 표기되어 있다면 등록이 가능하다. 참고로 이전에 해당 주소로 법인 설립이 진행된 사례가 있는지 확인하면 더욱 안전하다. 신축 건물을 제외하고 해당 주소로 법인이 한 번도 설립된 적 없다면 문제가 있을 가능성이 높다.

둘째, 계약서 작성 시에는 주의사항이 있다. 임대차계약서를 작성할 때는 세금계산서发票 수취 조건을 명확히 명시해야 한다. 또한 임대료를 세금 포함 기준으로 설정해야 한다. 세금계산서 발행 조건을 명확히 하지 않을 경우, 집주인이 세금계산서를 발행하지 않거나, 집주인이 납부해야 할 임대 소득세 등을 세입자에게 요구하는 사례가 발생할 수 있다. 계약서 문구 하나로 인해 불필요한 손실을 입지 않도록 주의하길 바란다.

셋째, 소유자와 계약 당사자를 확인한다. 방찬증에 기재된 소유자와 계약 당사자가 동일한 개인 혹은 기업인지 확인해야 한다. 재임대인(전대인)과 계약할 경우, 재임대인과 건물주 간의 계약서나 위임장을 반드시 확인해야 한다. 중국은 한국과 달리 정부 소유의 건물이 적지 않다. 한 사무실에 여러 임차인이 입주한 경우 정부가 각 회사와 계약을 진행하지 않고, 건물 전체 혹은 층별로 한 기업 혹은 한 사람과 일괄 계약을 진행하는 경우가 많다. 필자의 한 지인은 4차 전대 계약이 이루어진 상황에서, 앞선 세 번의 계약서 원본을 직접 공상국에 가져가서 보여야 했다. 물론 번거로움을 피하고 싶다면 건물주 본인과 직접 계약이 가능한 사무실을 임차하는 것이 상책이다.

애초에 남의 명의로 된 집 혹은 사무실을 계약한다는 것 자체가 상식적이지 않음에도 사기를 당했다면, 피해자 역시 일정 부분 책임에서 자유롭지 못하다.

넷째, 인화세를 납부한다. 자산 거래 및 임차 거래는 모두 인화세印花稅(한국의 인지세) 납부 대상이다. (이는 대부분의 계약에 적용된다.) 임차 계약의 인지세율은 상품 매매 계약의 0.03%보다 높은 0.1%이다. 과거 세무조사에서 90% 이상의 적발 사례가 인지세 납부 문제였던 만큼, 각별한 주의가 필요하다. 세무국에서는 계약의 진실성을 확인하기 위해 인지세 납부 증명서를 요구하기도 한다.

이상으로 법인 설립 전 은행 계좌 개설 및 세무 등록 과정과 함께, 임대차 계약 시 주의해야 할 사항까지 살펴보았다. 다음은 법인 운영 시 필수적으로 숙지해야 할 세무신고 주기에 대해 알아보도록 하자.

법인 운영 시 필수적으로 알아야 할 세무신고(관리 포함) 주기와 절차

각 세금 항목별로 세무신고를 언제 하는지만 알아도 중소기업 사장님 혹은 관리자 입장에서 직원 관리가 쉬울 수 있다. 중소기업 사장님 중 아래에 정리한 신고나 납부 주기를 모르는 분이 절반 이상이다. 자세한 건 몰라도 최소한 어떤 항목을 언제 납부하는지는 알아야 한다.

일 단위로 세무신고를 하는 일은 없지만, 일간 매출이 중요한 회사라면 매일매일 실적을 정리해야 한다. 온라인 사업이나 극장 등

시시각각 바뀌는 트렌드와 매출 현황을 이해해야 하는 업종에서는 이러한 관리가 특히 중요하다. 또한 회사 규정에 따라 주간 혹은 월간 단위로 공급업체 및 직원들에게 비용을 정산해야 하는 경우, 주 단위의 관리가 필요하다. 그렇다면 본격적으로 각각의 세금을 언제 신고해야 하는지 살펴보도록 하자.

- **월 단위**: 개인소득세, 증치세, 증치세의 부가 세금(지방세). 본격적인 세무신고와 세금 납부는 월 단위로 이루어진다. 휴일이 있다면 조정되나 이 항목들은 기본적으로 다음 달 15일까지 신고 및 납부를 해야 한다.
- **분기 단위**: 기업소득세(한국의 법인세)와 인화세. 추후 자세하게 설명하겠지만 중국은 한국과 달리 실제 재무제표를 기준으로 분기별 기업소득세를 납부한다. 그리고 한국과 동일하게 1년에 한 번 기업소득세 세무조정이 있다. 또한 인화세의 경우 담당 세무공무원이 정하기 나름으로, 월별 신고를 해야 하는 회사도 있으니 참고하길 바란다.
- **연 단위**: 기업소득세 세무조정 企業所得税 汇算清缴(한국의 법인세 세무조정에 해당), 연검 年检(지금은 공시 公示로 용어와 내용 모두 변경), 개인소득세 확정신고 个税 汇算清缴(한국의 종합소득세 신고에 해당). 추후 자세히 설명하겠지만 중국에는 연말정산이 없다는 사실을 알아두면 좋다.

이상으로 법인 운영 시 필수적으로 알아야 할 세무신고 주기에 대해 알아보았다. 다음은 첫 납세 신고 시 흔히 발생하는 실수와 대처법에 대해 알아보도록 하자.

첫 납세 신고 시
흔히 발생하는 실수와 대처법

중국에 진출해서 처음 세무신고를 할 때는 소통 문제로 어려움을 겪는 경우가 많다. 물론 그래서 필자와 같은 세무자문 혹은 재무 아웃소싱(일명 대리기장) 업자들이 도움을 주고 있지만, 여전히 소통이 쉽지 않을 때가 있다. 이때 소통의 어려움은 단순히 중국어 때문이라기보다는, 세무에 대한 상식이 부족한 경우나 기장 회사 직원이 문의를 해도 며칠째 답을 하지 않는 경우에서 비롯된다. 이런 상황이 생기면 직원들은 "소통이 되지 않는 고객과 같이 일하기 힘들다"고 필자에게 불만을 털어놓기도 한다.

하지만 생각해보면 필자도 이 모든 일을 처음 접했을 때는 무척 헤맸던 기억이 있다. 처음은 누구에게나 어렵다. 그래서 필자와 같은 전문업체가 존재하는 것이라고 생각한다. 직원들에게도 이런 이야기를 하면서 업무를 하나씩 진행해 나가곤 한다. 사실 더 답답한 건 이해하지 못해 머리를 싸매고 있는 고객이 아닐까 싶다.

"로마에 가면 로마의 법을 따르라." 이 말은 세무 업무에서도 그대로 적용된다. 한국은 전 세계의 수많은 국가 중 하나일 뿐이고, 중국 역시 그중 하나일 뿐이다. 각 나라의 규정은 다 다르다. 하지만 많은 이들이 모든 기준을 한국으로 삼으려 한다. 그러면서도 영수증 처리, 비용처리, 세무처리 등 기본적인 개념조차 잘못 알고 있는 경우가 많다. 이런 이유로 세무신고를 할 때도 실수가 잦다.

중국에서의 납세 신고는 크게 네 가지로 나눌 수 있다. 개인소득세와 사회보험/공적금, 증치세, 기업소득세, 인화세가 그것이다. 각각의 항목을 자세하게 살펴보도록 하자.

1 개인소득세와 사회보험/공적금

직원이 입사하면 고용계약서를 작성하게 된다. 이 고용계약서는 개인소득세 신고 담당자에게 전달되어야 한다. 담당자는 재무팀일 수도 있고, 인사팀일 수도 있다. 고용계약서가 전달되면 개인소득세 신고, 사회보험 납부, 공적금 납부를 해당 직원의 입사 시점에 맞춰 진행해야 한다. 그런데 여기서 주의할 점이 있다.

한국에서는 사장이나 팀장이 뭔가를 모르거나 신경 쓰지 않아도 일이 알아서 진행되는 경우가 있다. 하지만 중국에서는 절대 그런 일이 일어나지 않는다. 중국에서 '저절로' 되는 일은 단 한 가지도 없다. 새 직원이 입사했는데 사장이나 임원이 이를 신경 쓰지 않으면 개인소득세 신고, 사회보험 납부, 공적금 납부가 미뤄지는 상황이 생길 수 있다. 혹은 세무와 직접적인 관련은 없지만 입사 후 30일 이내에 이루어져야 하는 고용계약 체결이 늦어져서 급여의 두 배에 해당하는 벌금을 물기도 한다.

고객과 상담을 하다 보면 필자로서는 당연하다고 생각했던 부분에서 실수가 발생하는 모습을 자주 보게 된다. 그러므로 담당 팀장, 담당 임원, 소기업 사장님들은 직원을 채용할 때부터 관련 절차를 확인하고 또 확인해야 한다. 새 직원이 입사했을 때 다음과 같은 상황이 흔히 벌어진다.

- 채용담당자가 별도로 있고, 고용계약을 체결하는 담당자도 따로 있을 때 양자 간 업무 전달이 제대로 되지 않은 경우

- 고용계약 체결 담당자가 새로운 직원 입사 후 30일 내에 고용계약을 체결하지 않은 경우
- 새로운 직원이 채용되고 급여도 지급되었는데, 급여를 신고하는 재무담당자에게 이 사실이 전달되지 않은 경우
- 재무담당자가 새로운 직원을 채용한 것에 대한 통보를 받았음에도, 개인소득세 업무 진행 시 이를 반영하지 않고 세무국 시스템에서 전월 내용을 복사하여 당월 개인소득세 신고를 한 경우
- 새로운 직원 채용 및 급여 지급이 사회보험 담당자에게 전달되지 않았거나, 사회보험 담당자가 업무 실수로 이를 누락한 경우

2 증치세 VAT

증치세와 관련하여 업체로부터 받은 세금계산서는 담당 부서에서 관리하며, 회사 규모가 작을 경우 사장님이 직접 세금계산서를 받아서 담당자에게 전달하기도 한다. 지금은 증치세 매입세액공제 기한이 사라졌지만, 매입세액 신고 및 공제 신청을 하지 않으면 매출에 대한 세금을 납부할 때 공제를 받지 못하는 일이 생길 수 있다. 공제 신청을 늦게 한다고 금액 전체를 손해보는 건 아니지만, 불필요하게 미리 세금을 납부할 필요는 없으니 알아두는 것이 좋다.

3 기업소득세

기업소득세에 관련해서는 꼭 알아야 할 점이 있다. 한국에서는 '적

격증빙'이라고 해서 세무국에서 인정해주는 영수증의 종류가 다양하다. 하지만 중국에서는 일반적으로 세금계산서만 인정된다. 예를 들어, 법인카드로 결제를 했는데 세금계산서를 받지 않았다면 이 결제내역은 회사 비용으로 인정되지 않는다. 이 경우 해당 금액은 법인카드를 사용한 사람이 회사에 갚아야 하는 '가불(가지급금)'이 되어버린다. 많은 회사가 이 부분에서 시행착오를 겪으니 주의해야 한다.

또한 한국에서 생활했던 분들은 회사에 다니면서 세금계산서를 제출할 일이 거의 없었던 경우가 많아 세금계산서를 받는 것이 어색할 것이다. 한국에서 재무를 담당하는 분들은 '아니, 삼천 원짜리 택시를 타도, 오천 원짜리 사무용품을 사도, 만 원짜리 밥을 먹어도 세금계산서를 받아야 한다고?' 하며 놀랄 것이다. 그러나 어색하고 이해가 되지 않더라도 세금계산서를 받아야 한다. 사실 발행하는 사람이 불편하지, 받는 사람이 불편한가? 또한 택시비의 경우, 길에서 택시를 잡아탔을 때는 택시 기사가, 우버나 중국의 택시 플랫폼 디디嘀嘀를 이용했을 때는 해당 플랫폼에서 세금계산서를 발행할 수 있는 시스템을 만들어두고 있다. 참고로 중국의 세금계산서는 중국의 세무국 시스템을 통해서만 발급된다.

4 인화세

인화세印花稅(한국의 인지세)는 세무조사에서 자주 문제가 되는 항목이다. 매출, 매입 등 모든 계약에 대해 인화세를 납부해야 하는데 계약서가 재무팀에 공유되지 않거나, 공유는 됐지만 담당자가 한꺼번에 처리하려다가 누락하는 경우가 많다. 인화세는 한 달에 한 번, 혹은 분기별로 한 번씩 납부 일정이 정해져 있으니 최소 분기에 한 번은 납부 여부를 확인해야 한다. 납부를 놓쳐서 벌금이 부과되는 일이 없도록 하는 것이 중요하다.

지금까지 중국에서 첫 세무신고를 할 때 흔히 발생하는 문제들을 살펴보았다. 더 자세한 설명이나 구체적인 벌금 사례는 이 책의 관련 항목에서 추가로 확인할 수 있다. 다음으로는 세무와 직접적인 관련성은 적지만, 법인 설립부터 사업 운영 전반에 걸쳐 자주 문제가 되는 외환 관리에 대해서 알아보도록 하자.

> **중국은 외환 관리가 엄격하다고 하던데…**
> **어떤 주의 사항이 있을까?**

중국은 외환 관리가 엄격하다. 과거에 비해 많이 완화되긴 했으나 여전히 외환 관리는 타 국가 대비 엄격한 편이다. 외환거래로 인한 불이익을 방지하고자 핵심적인 주의 사항을 세 가지 시기로 나누어 정리해 본다.

1 해외에서 자금이 들어올 때

해외에서 들어오는 자금은 네 가지 정도로 구분할 수 있다.

- **수출로 인한 입금**: 수출로 인한 입금은 해관에서 상품 검사, 검역, 수출필증报关单(보관단) 등의 통관 서류를 요구하므로, 해당 서류를 은행에 제출하고 입금 처리를 하게 된다. 아직까

지는 직접 은행에 방문해야 하지만, 입금을 위한 서류가 점차 시스템으로 처리되고 있는 추세다. 이대로라면 은행에 직접 방문하는 일은 조만간 사라지지 않을까 기대해본다.

- **서비스 매출로 인한 입금**: 서비스 매출은 근거(물질적 실체)가 없는 매출이다. 따라서 계약서, 인보이스, 은행에서 받은 입금 증, 입금 신청서 등 추가 서류를 작성하여 제출해야 입금 처리가 가능하다. 입금을 처리하러 은행에까지 가야 한다니 비효율적이긴 하지만 아직까지는 다른 방법이 없다. 필자의 회사도 해외 서비스 매출이 있어 서류를 모아서 달에 한 번 은행을 방문하고 있다.
- **투자금**: 말하자면 자본금이다. 혹은 M&A(지분이전) 계약으로 인한 지분 매각 대금이다. 이 역시 은행 입금 승인에는 관련 업무를 수속 처리했다는 서류가 필요하다. 이때 설정된 자본금(영업집조상에 기록된 자본금)과 실제 납입한 자본금의 차액만큼만 자본금 입금 처리가 가능하다. 덧붙여, 별도 자본금 계정이 존재하고 자본금계정은 자본금만 수취할 수 있다. 예를 들어, 다른 무역(수출) 대금이 입금되었다면 혹은 무역계좌에 자본금이 입금되었다면 변경처리가 불가능하니, 입금된 자금을 현지 국가로 되돌려 보내야 한다.
- **해외차입**: 순자산의 두 배 혹은 투자총액과 자본금과의 차액 범위 내에서 해외차입이 가능하다. 여기에는 모회사 혹은 관계사로부터의 차입뿐만 아니라, 은행권을 통한 차입도 모두 포함된다. 해외차입을 진행하기 위해서는 미리 외환 관리국

을 방문하여 승인을 받아야 한다. 2025년 현재, 근무일 기준 약 20일 정도의 기간이 소요되니, 미리 준비해서 사전 신고를 하는 것이 중요하다. 승인이 완료된 이후부터 해외차입금을 중국 계좌로 입금할 수 있다.

2 해외에서 들어온 자금을 사용할 때

입금이 승인된 자금은 그냥 사용하면 되지 또 무슨 제한이 있다는 것인지 의구심이 들 것이다. 수출이든 해외 서비스 매출이든 무역대금은 자유롭게 사용 가능하다. 그러나 자본금이나 해외차입금은 사용에 제한이 있다. 물론 이들도 회사 운영을 위한 자산 구입, 직원 급여, 기타 회사 운영에 대한 자금으로 사용할 수는 있다. 다만 투자를 받거나 차입한 자금은 타회사에 재투자하거나 대여할 수 없다. 중국 인민은행은 각 은행에 이러한 자금의 사용처를 관리 감독할 권한과 의무를 부여하고 있다. 따라서 자본금 또는 해외차입금을 사용할 때에는 은행에 계약서, 세금계산서 등 관련 증빙 서류를 확인받아야 한다.

그 외에 기타 회사 운영자금의 경우 과거에는 매 회 5만 달러, 월 총 2회 제한이 있었지만, 지금은 월 20만 달러까지 환전하여 사용할 수 있도록 규정이 바뀌었다. 과거 매월 50억 이상의 투자금을 받던 시절에는 투자금으로 받은 자금을 사용하기 위해 각종 계산서, 계약서를 매번 은행에 방문하여 제출해야 했다. 이를 생각하면 지금은 상대적으로 많이 편해졌다고 할 수 있다.

3 해외로 자금을 송금할 때

입금과 유사하다. 무역 자금 송금에는 상품이 수입되었다는 증거, 즉 수입필증, 상품 검사 검역국의 확인, 계약서, 인보이스가 요구된다. 물건이 거래되었다는 각 정부 부처의 증빙이 확실하다면 은행에서는 해외송금을 거부할 이유가 없다. 다만 해외로부터 디자인, 설계, 용역, 자문 서비스를 받고 송금을 하는 경우라면, 중국 세무국 입장에서 충분한 근거가 있다고 판단하기 어려우므로 더 구체적인 증빙을 요청한다. 이때는 계약서와 인보이스는 기본이고, 해당 서비스를 받기 전후로 주고받은 이메일 등의 소통 기록, 해당 용역 서비스가 어디서 발생했는지, 용역 서비스의 결과 보고서 등 복잡한 서류 증빙이 필요하다. 해당 용역 서비스가 중국에서 발생하지 않고 해외에서 발생했다면, 해외에서 업무가 이루어졌다는 증명과 해당 인력이 중국을 방문한 적 없다는 출입국 기록이 추가로 요구되기도 한다. 이렇게 절차가 까다로우니 중국에서 근거 없는 해외송금은 사실상 불가능하다고 보면 된다.

추가로 해외투자 또는 해외차입을 진행하려면 한국에서 해외투자 신고를 하고 송금하는 절차와 마찬가지로, 중국에서도 관련 정부 부처의 승인을 받은 후 송금을 해야 한다. 이상으로 중국의 외환 관리를 해외 입금, 해외에서 들어온 자금 사용, 해외송금 세 가지로 나누어 간단히 설명했다. 세무 관련 사항은 각 세무 항목별로 별도의 설명을 참고하면 좋을 듯하다.

경험담 1
해외투자 신고 지연으로 추후 상장에 영향이 있다는 회사

지인을 통해 한국으로부터 국제전화 한 통이 걸려왔다. 항상 그렇듯 문제가 생겨 도움을 요청하는 전화였다. 의뢰인은 현재 한국에서 상장을 준비하는 중인데, 중국 자회사에 대한 해외투자 신고에 문제가 생겨 한국에서의 상장이 지연되고 있다고 했다. 추가로 설명을 들어보니 담당자가 한국의 해외투자 신고 업무를 전혀 이해하지 못하고 있었다. 담당자의 설명을 요약해보자면 다음과 같다. 이 회사는 현재 한국에서 상장을 준비 중인데, 100% 자회사로 9년 전 중국에 진출했고 자회사 자본금은 지금까지 납부한 적이 없다. 당연히 은행 혹은 외환관리국에 해외투자 신고를 한 적도 없다. 결국 해외투자 신고 의무를 이행하지 않아 상장에 문제가 생겼다.

그래도 상장할 수준의 회사인데 중간에 사람이 바뀐 것을 감안하더라도 담당자가 상황을 너무 모르고 있었다. 이 건과 관련해 필자는 문제되는 사항이 무엇인지 다음과 같은 단계로 추론해보았다.

첫째, 해외투자 신고라는 것은 해외에 자금을 입금할 때 이루어져야 한다. 즉 해외에 법인을 설립할 시점에 신고하는 것이 아니라, 해외에 투자금을 입금할 시점에 신고하는 것이다. 따라서 자금을 입금하지 않았다면 해외투자 신고 의무가 없으니 문제될 사항이 없다.

둘째, 중국은 자본금 납입 규정이 질문 당시(2023년 말)에는 사라지고 없었지만, 2014년 3월 1일 개정 회사법 이전에는 2년 내 자본금의 100%를 납입해야 한다는 규정이 있었다. 따라서 의뢰인이 중국에 진출한 시점인 2014년에는 현행 규정을 어기지 않는 이상 중국에 자본금을 납부하지 않는 것이 불가능했다. 참고로 실제 필자가 듣거나 경험한 사례는 없지만, 자본금 납입 규정을 어긴다면 법인등록 취소 혹은 벌금 등의 페널티가 부과될 수 있다.

설사 담당자가 모르고 있었더라도 위의 두 가지를 근거로 유추해보면 결론은 이렇다. 그 회사는 자본금을 납부했고, 이 말은 곧 한국에서 해외로 투자금을 송금할 때 해외투자 신고를 했다는 것이다. 해외투자 신고가 먼저 완료되어야 해외에 투자금(자본금)을 송금할 수 있기 때문이다. 그리고 자본금이 납부되고 나면 6개월 내에 해외투자 사후 신고를 해야 한다.

해외투자 사후 신고란 납부한 투자금이 해당 자회사에 제대로 입금 처리되었는지 확인하기 위한 절차로, 해외 자회사의 사업자등록증(영업집조), 자본금 납입증명 감사보고서 혹은 FDI(해외직접투자와 관련한 중국 외환관리국의 입금 확인서), 신고서 등의 서류를 한국의 거래은행에 제출하여 한국은행 외환거래시스템에 신고하는 것을 말한다.

즉 의뢰인은 중국이 아니라 한국에 해외투자 사후 신고를 누락한 것이고, 이 건은 국내에서 문제를 해결하면 되는 일이었다. 다만 신고가 늦었으니 과태료는 있을 터이고 그것을 해결해야 정상적으로 상장 절차를 마무리할 수 있게 된다. 여기서 필자는 추가로, 한국에서 해외투자 신고가 지연되거나 누락되어 과태료 등의 제재를 받은 사례가 얼마나 되는지를 알아보았다. 외국환 거래법 위반 사례는 2023년에 총 1,190건이 있었고, 그중 해외직접투자 관련 위반은 426건이었다. 그리고 이러한 위반의 대부분은 신고 혹은 보고 의무를 인지하지 못해 발생된 것이라는 통계가 있었다.

해외투자로 중국에 진출할 때 외환관리는 중요한 사항이니 해외투자 신고, 해외투자 사후 신고, 세무국 현황 보고 등을 잘 챙겨서 이러한 불상사가 생기지 않기를 바란다.

CHAPTER 02

절세 사례로 이해하는 개인소득세

필자는 집필에 들어가기 전, 이 책의 대상 독자, 목차, 그리고 각 장의 제목에 대해 많은 고민을 했다. 이전 책인 《중국 법인 설립 가이드》와 마찬가지로, 이 책의 주요 독자층은 대기업보다는 중소기업 및 개인투자자들이었다. 그런데 거기까지 생각이 미치자 '이분들에게 회계와 세무 지식이 필요할까?'라는 의문이 들었다. 필자가 중국에서 20년간 경험한 바, 대기업이 아닌 중소기업 사장님들은 회계와 세무에 그리 큰 관심이 없었기 때문이다. 그런데 회계와 세무를 알든 모르든, 누구나 단 한 가지에는 관심이 있었다. 그것이 바로 '절세'다. 정확히 말하자면 기본 개념에 대한 설명이나 세법보다는 사례에 관심이 많았다. 특히 잘 모르면서 떠들어 대고 자신의 경험이 다인 줄 아는, 소위 중국 경험이 많다고 불리는 사람들일수록 그러했다.

필자는 20년간 200여 개 법인을 관리한 경험이 있으나, 그럼에도 아직 부족한 면이 많다. 더 많은 사례들을 가지고 책을 쓸 수 있었다면 좋았겠지만, 그때까지 기다린다면 시작조차 못 할 것이다. 그래서 일단 지금까지 경험한 사례들을 정리하기로 했다. 대기업에게는 대기업에 맞는, 한국에서 상장한 중소기업에게는 중소기업에 맞는 절세 사례가 필요하다. 방식은 보통의 세법 관련 책들과 반대로 진행할 예정이다. 절세 혹은 벌금 사례들을 먼저 소개하며 필요한 규정들은 사례별로 조금씩 언급하는 방식으로 말이다. 또한 절세 혹은 벌금과 직접적인 관련이 없더라도, 사장님들이 관심을 가질 만한 다른 중국 기업의 사례가 있다면 그 또한 참고해보고자 한다. 개인소득세 관련 사항부터 시작해보도록 하자.

중국은 사회보험이 약 50% 가량 된다던데, 이걸 다 내야 하나?

중국의 높은 사회보험료에 대해서는 익히 들어 알 것이다. 회사부담금은 급여의 32~35%, 개인부담금은 급여의 15~20%가량 된다. 회사와 개인이 부담하는 사회보험 납부 금액을 합치면 총 급여의 약 50%에 이른다. 과거, 아니 지금도 극히 일부 기업들은 급여는 급여대로, 사회보험은 사회보험대로 기준을 달리해서 납부한다. 사회보험료를 적게 납부하기 위한 계책이다. 그러나 중국은 장부도 5년이 아니라 10년 이상을 보관해야 한다. 이 말은 곧, 한국과 달리 중국은 과소 납부한 세금에 대한 소급적용도 5년이 아니라 10년 혹은 10년 이상까지 될 수 있다는 것이다. 이런 수를 쓰고 언제까지 불안해 하며 살 것인가? 뻔히 보이는 꼼수를 써서 눈 앞에 닥친 고비만 넘어가는 게 사업인가? 물론 중국의 환경이 쉽지 않은 것은 맞다. 다만 사업을 1~2년 하고 그만둘 것이 아니라면, 제대로 하는 수밖에 없다. 결론은 아무리 사회보험료가 부담스럽더라도 다 납부해야 한다는 것이다.

사회보험에 대한 관리는 사회보험관리국에서 하지만 보험료는 세무국에서 대신 걷고 있다. 세무국에서 사회보험료를 걷는 이유는 두 가지다.

첫째, 세무국에서 사회보험을 걷게 되면 급여기준과 사회보험기준이 시스템화되어 두 기준이 일치하는지를 자동으로 확인할 수 있다. 즉 보험료를 적게 납부할 수 없도록 가능성을 원천 차단하는 것이다.

둘째, 세무국이 가지는 무게감이 있다. 중국은 한국의 20~40% 벌금 수준과는 차원이 다른, 50~500%의 벌금을 부과한다. 세무국의 관리 대상인 모든 기업들이 바짝 긴장하고 있음은 물론이다. 이미 중국에서 사업을 시작하여 편법을 써온 분들이 있다면, 문제는 앞으로가 아니다. 과거 적게 납부한 사회보험료를 어떻게 할지가 문제다. 성실하게 보험료를 다 납부한 회사도 있는데, 정부 입장에서도 그냥 봐주지는 못할 것이다. 다만 2021~2022년 리커창 전 총리의 긴급 지시로 사회보험 자체만을 위한 세무조사는 하지 말라는 조치가 내려지기도 했다. 그러나 이 조치는 다소 모호하다. 문제가 있는 것을 알고 있지만 굳이 사회보험료를 책잡아 조사하지는 않겠다는 의미일 뿐이다. 만약 직원고발 등 다른 문제로 조사에 착수하게 되면, 그땐 사회보험료 문제가 함께 파헤쳐질 수도 있다는 뜻이다. 중국에 있다 보면 이런 경우를 종종 보게 된다. 중국식 합리주의라고 하는데, 필자가 해석하는 방식은 이렇다. 불법을 저질렀으니 불안해하긴 해라. 다만 해당 문제로 전체적인 조사를 실시하면 사회적 차원의 문제가 되니 고의적인 조사까지는 하지 않겠다. 이는 중국에 20년 가까이 살아본 경험으로 필자가 해석하는 방식이니 참고만 하면 좋겠다.

말이 나온 김에 위험한 발상을 한 가지만 이야기해보려고 한다. 필자가 본 중국의 생각은 이렇다. 기업들은 당연히 제대로 세금을 내고 재무를 관리하며 사업해야 한다. 당연히 1인 기업가들도 그렇게 하는 것이 맞다. 다만 그런 식으로 철저하게 정도正道를 따랐을 때, 생존 자체가 불가능해 사업을 접어야 한다면 그건 아니라는 것이다. 즉 일단 생존이 보장된 후에 하나둘씩 제대로 세금을 내면서 사업을 일구어나가면 되지 않을까? 이것이 필자가 이해하는 중국 정부의 논리이기도 하다.

필자는 사업자등록증도 만들지 않고 타오바오에 물건을 올리는 사람들을 많이 보았다. 과연 세무국이 이것을 몰랐을까? 당국은 10여 년간 이 행태를 그대로 두었다. 그리고 서서히 양성화를 진행하면서, 이제는 때가 되었겠다 판단했을 것이다. 그래서 2019년에 전자상거래법을 도입했고, 사업자등록증이 없으면 타오바오에 입점할 수 없도록 규제를 강화한 것이다. 그리고 지금은 다시 경기가 좋지 않으니, 규정은 있지만 실질적인 제재 조치를 취하지는 않는 실정이다. 이런 이유로 종잡을 수 없는 것이 중국이다.

다만 이것을 읽고 신생 기업을 위한 무법지대가 마련되어 있다고 오해해서는 안 된다. 우리 외국인은 1인 기업이라 하더라도 중국인이 아니므로 개인사업자를 신청할 수 없고 반드시 법인이어야 한다. 중국 당국이 내국기업과 외국기업을 차별하지는 않지만 개인사업자와 법인은 차별한다. 필자가 지금까지 말한 것은 사회보험료를 납부하지 말라는 뜻도 아니고, 세금을 납부하지 말라는 뜻도 아니다. 다만 중국식 합리주의(?)에 의거한 중국 정부의 관리 방식을 이야기했을 뿐이다. 타오바오에 들어가 세금계산서를 발행해달라고 하면 어느 정도 수준으로 세금을 제대로 납부했는지 알 수 있다. 타오바오는 2025년 3월 기준, 90% 이상 세금계산서를 발행해주지 않고 있다는 점 정도만 참고하면 될 듯싶다. 물론 그 비율은 시간이 갈수록 줄어들 것이다. 참고로 중국에는 약 5500만 개의 법인과 1.25억 개의 개인사업자가 등록되어 있다. (2024년 9월 말 기준 중화인민공화국중앙인민정부 발표자료 참고)

외국인 집값과 자녀교육비는 복리후생비 항목이니, 회계 직원 혹은 세무사가 복리후생비로 처리하라던데?

맞다. 제목에 적은 항목은 복리후생비로 간주되므로 복리후생비 항목으로 처리하면 된다. 과거 적지 않은 대기업들이 그렇게들 처리했다. 필자 역시 초기에는 그렇게 처리했었다. 다만 절세를 목적으로 한다면 그땐 개념과 프로세스를 바꾸어야 한다.

무슨 이야기인가? 한국에서는 대체로 복리후생비를 비용으로 인정한다. 급여나 교제비가 아니라 정확히 복리후생비에 해당하는 항목이라면 말이다. 반면 중국은 복리후생비에 대해 100% 비용 인정을 해주지 않는다. 물론 이것이 회계에 해당하는 이야기는 아니다. 즉 회계상으로 복리후생비는 100% 복리후생비다. 다만 세무국에서 이를 인정해주지 않는다는 뜻이다. 회계상 이익과 세무상 이익이 다르다는 점에서, 복리후생비가 세무조정 항목이 되는 것이다. 중국에서는 복리후생비를 급여총액의 14%만 인정해준다. 그럼 회계 직원, 대리기장 직원 혹은 공인회계사가 말하는 대로 집값과 자녀교육비 등을 복리후생비로 처리한다면 급여총액의 14%를 넘는 부분만큼은 세무상 비용으로 인정되지 않을 것이고, 초과되는 만큼 결국 세금을 더 내야 할 것이다. 결국 주재원들의 세금 일부를 보전해주게 되어, 회사에 손해가 발생한다는 얘기다. 원래는 주재원들의 개인소득세임에도 불구하고 말이다.

그럼 면세 항목으로 처리하면 될 것 아닌가? 물론 대기업에서는 이것을 면세로 처리할 수 있는 방법이 있으나, 그 방법을 실행하지 못하는 이유가 있다. 다음 절에서는 그 이유와, 과연 우리가 이것을 면세로 처리할 수 있는지에 대해 이야기해보도록 하겠다.

외국인은 개인소득세가 면제되는 항목이 있다는데, 물어보면 그냥 하면 된다고 한다?

개인소득세를 면제받기 위해서는 다음과 같은 조건이 충족되어야 한다. 첫째, 복리후생이 아니라 개인급여소득이어야 한다. 둘째, 세무 규정에 어긋나지 않는 항목이어야 한다.

즉 면세 항목이어야 한다. 셋째, 적격증빙을 수취해야 한다. 넷째, 개인소득세 신고 시 면세 신고를 해야 한다. 그럼 이 조건들을 하나씩 살펴보도록 하자.

첫 번째로 개인급여소득이어야 한다는 조건은 문자 그대로 복리후생 성격이 아니라 급여로 분류되어야 한다는 말이다. 급여라면 고용계약에 언급이 되어 있어야 한다. 예를 들어 연간 총 패키지 급여가 있으면, 그중 개인임차주택은 얼마, 자녀학자금은 얼마라고 한도를 설정해 둔다. 한국의 임원급여 총액을 주주총회에서 승인받듯이, 전반적인 면세 급여 항목에 대한 한도금액을 고용계약서에 언급해 놓는다고 보면 된다.

두 번째, 세금을 면제받고자 하는 금액이 세무 규정상 면세 항목으로 분류되어야 한다. 외국인에게 해당되는 8가지 면세 항목을 열거해보자면 다음과 같다.

외국인에게 적용되는 면세 항목 8가지

1. 住房补贴 주택보조금
2. 伙食补贴 식대보조
3. 洗衣费 세탁비
4. 搬迁 해외이사비
5. 出差补贴 출장보조금
6. 探亲费 고국방문비
7. 语言培训费 언어교육비
8. 子女教育费 자녀교육비

물론 조건 없이 모든 비용을 면세해주는 것은 아니고, 관련된 적격증빙인 세금계산서와 합리적인 금액이라는 기준을 만족해야 한다. 세무 규정에 그렇게 표현되어 있다(合理数额内的部分免予纳税). 그렇다면 도대체 합리적인 금액은 어느 정도를 말하는 걸까? 이 내용은 아래에서 조금 더 자세하게 살펴보도록 하겠다.

세 번째 조건은 적격증빙을 수취하는 것이다. 중국의 적격증빙은 한국처럼 복잡하지 않다. 간단하게 세금계산서发票(화표) 한 가지다. 그러므로 개인주택임차료, 식대, 세탁비, 해외이사비, 고국방문비, 언어교육비, 자녀교육비에 대해서 세금계산서를 수취하면 된다. 그럼 누구 명의로 세금계산서를 받을 것인가? 이는 회계법인들마다 말이 다르니, 각자 담당 세무공무원에게 문의해서 처리하면 된다. 기본적인 논리로 보면 개인 명의로 받는 것이 일반적이긴 하다. 왜냐하면 해당 비용은 복리후생이 아닌 개인소득에 대한 면세이기 때문이다. 필자 역시 외국인 면세 관련하여 세무조사를 받은 적이 있고, 이때 직원 각각이 개인 명의로 발급받은 세금계산서를 제출했으나 문제가 발생하지 않았다는 경험 정도만 공유하도록 하겠다.

네 번째 조건은 개인소득세 면세 신고로, 알고 보면 재미있는 항목이다. 과거 외국인이 적을 때는 세무국에 방문하여 각 외국인별로 비안('허가'라기보다는 '등록' 개념)을 받아야 했다. 예를 들어 총 패키지 급여 2억 중에 자녀학자금이 3천만 원, 임차료가 3천만 원이라는 식으로 말이다. 그럼 2억에서 6천만 원을 제하고 1억 4천만 원에 대한 세금만 납부하면 되었다. 그런데 이후 외국인이 늘어나면서 각 개인별 비안 신청제도가 없어지고, 그에 따라 기업이 자율적·합리적으로 별도의 신고 없이 외국인 개인소득세를 면세로 처리하던 시기가 있었다. 그러다 보니 담당 세무공무원이나 기업 재무담당자도 원래라면 급여 소득에 해당하는 금액을 복리후생비로 처리하던 관행이 있었다. 그러다 2017년 중순, 개인소득세 세무 시스템에 면세 항목이 추가되었다. 즉 과거에는 기업이 세무국 개인소득세 시스템에 신고를 하고 싶어도 할 수가 없었는데, 이젠 총 급여 2억 원 중 면세 6천만 원을 8가지 면세 항목 중 어떤 항목에 해당하는지 분류하여 입력할 수 있게 되었다. 그러면 1억 4천만 원 과세급여 기준으로 세금을 납부할 수 있다.

이제 마지막으로 한 가지만 짚고 넘어가도록 하겠다. 과연 면세를 받을 수 있는 '합리적인 금액'은 어떻게 판단해야 하는가? 간단히 정리하자면 여기에는 통용되는 답이 없으니, 회사의 기준을 가지고 세무국 담당공무원과 협의하는 수밖에 없다. 필자가 세무공무원과 면담하면서 이 부분을 문의하기도 했으나, 그들도 명확한 답을 주지 못했다. 이럴 때는 회계·세무로 가장 인지도가 있는 회사들을 살펴보면 좋다. 그래서 일명 Big 4 회계법인의 사례를 살펴보니, 연간 총 급여 패키지 금액의 30~40% 정도를 면세 항목으로 설정하고 있었다. 이를 참고해서 결정하는 것을 권한다. 세법 규정에 별도의 언급은 없으나 항목별이라기 보다는 총액 기준으로 보는 것이 합리적이다. 다만 이 또한 상식적인 수준이어야 한다.

외국인 면세와 관련한 실제 고용계약서 작성, 면세 신청 및 신고는 어떻게 하나?

외국인 직원에 대한 면세는 2024년 들어 급격하게 세무조사가 많이 이루어지는 부분이다. 위에서 일부 언급을 하긴 했으나 중요한 사항이므로 조금 더 자세히 적어본다. 이는 담당 세무공무원이나 세무사도 어려워하는 부분이고, 모호한 지점도 일부 있어 일반 재무담당자가 모르는 것이 어쩌면 당연하다. 다만 모호하다는 이유로 세무국에서 세금을 줄여주지는 않으니 주의가 필요한 부분이다.

보통 중국에서 근무하는 외국인에 대해 추가 급여 및 복리후생을 제공해주는 회사들은 아래와 같은 유형으로 분류할 수 있다.

- 주재수당, 주택수당, 자녀교육비를 100% 지원해주는 회사
- 주재수당, 주택수당은 주지만 자녀교육비는 50~70%만 지원해주는 회사
- 모든 수당을 급여에 포함해서 지급하는 회사

실제 계약 내용과 고용계약서상 내용이 일치하면 가장 좋겠지만 그러지 못할 경우, 계약은 계약대로 진행하되 아래 항목에 유의하여 고용계약서를 작성해야 한다.

첫째, 개인소득세가 면제되는 금액도 급여다. 세법상 면세로 인정되는 금액이라 하더라도 본질적으로는 급여이나, 이를 고용계약서에 명시하지 않았다면 급여가 아니라 복리후생비로 처리될 가능성이 있다. 따라서 반드시 고용계약서에 면세 항목을 포함하여 계약

을 진행해야 한다. 그래야 해당 금액이 급여로 인정되고 그중 일부를 면세로 처리할 수 있다.

둘째, 지금까지 이야기한 면세 항목들은 그냥 급여가 아니라 세법상 관리되는 급여다. 따라서 고용계약서에 별도로 언급이 되어 있어야 한다. 가장 좋은 것은 자녀교육비 얼마, 주택지원비 얼마와 같이 구체적인 금액을 기재하는 것이다. 다만 정확한 금액 산정이 어렵다면 최소한 '얼마 한도 내에서 실비 정산'과 같이 세법상 허용되는 문구를 넣어두어야 한다. 그래야 뒤탈이 없다.

셋째, 계약서 작성이 완료되었다면, 이제는 재무담당자가 세무국 시스템에서 면세 항목을 정확히 입력해야 한다. 앞서 이야기했듯 세무국 시스템에는 8가지 면세 항목이 있다. 그러나 적지 않은 담당자가 면세 항목을 세무국 시스템에 입력해야 한다는 사실을 모른다. 또한 이를 입력하기 위해서는, 면세 급여를 받는 직원이 해당 면세 항목에 대한 세금계산서를 회사에 제출해야 한다.

넷째, 면세 비율이 합리적이어야 한다. 그런데 과연 어느 정도가 합리적인 비율일까? 앞선 장에도 나왔지만 다시 정리하자면, 세무를 가장 잘 아는 Big 4 회계법인에 확인하는 것이 좋다. 이들에 따르면 총 급여의 30~40%가 적당하다. 급여가 높은 분들의 경우 최대 40%까지 세금을 면제받을 수 있다. 이를 실제로 적용할 때는 담당 회계법인과 자세한 상황을 공유하고 확인을 거친 후 진행하기를 바란다. 앞서 말했듯 2024년부터 외국인 개인소득세 조사가 강화되었으니, 현재까지는 면세 신고 금액과 계산서 금액이 일치하는지 여부를 주로 확인했지만 추후에는 적정성 여부도 함께 검토할 가능성이 크다.

이는 중요한 사항이므로 관련 규정 원문과 한글 번역본을 함께 수록한다. 참고가 필요한 독자들은 한번씩 살펴보기를 권한다. 덧붙여, 이는 과거 규정이니 한글 번역본에는 현재 기준으로 보충 설명을 함께 기재하였다.

国家税务总局关于外籍个人取得有关补贴征免
个人所得税执行问题的通知
(국가세무총국 외국인 개인이 받는
보조금의 소득세 면제 관련 문제에 대한 통지)

国税发[1997]54号 1997-04-09
국세발[1997]54호 1997년 4월 9일

《中华人民共和国个人所得税法》及其实施条例和《财政部、国家税务总局关于个人所得税若干政策问题的通知》(财税字[1994]20号)就外籍个人取得有关补贴规定了免征个人所得税的范围，现就执行上述法规的具体界定及管理问题明确如下：

《중화인민공화국 개인소득세법》 및 그 시행조례와 《재정부, 국가세무총국 개인소득세 관련 정책에 대한 통지》(재세자[1994]20호)는 외국인 개인이 받는 보조금에 대해 개인소득세 면제 범위를 규정하고 있다. 아래는 위 법규의 구체적인 정의 및 관리 문제를 명확히 한 내용이다.

一、对外籍个人以非现金形式或实报实销形式取得的合理的住房补贴、伙食补贴和洗衣费免征个人所得税，应由纳税人在初次取上述补贴或上述补贴数额、支付方式发生变化的月份的次月进行工资薪金所得纳税申报时，向主管税务机关提供上述补贴的有效凭证，由主管税务机关核准确认免税。

1. 외국인 개인이 현금 이외의 방식 또는 실비 정산 방식으로 받은 합리적

인 주택 보조금, 식사 보조금 및 세탁비는 개인소득세를 면제한다. 납세자는 해당 보조금을 처음 받거나, 보조금 액수 혹은 지급 방식에 변경이 생긴 달의 다음 달에 급여 소득세를 신고할 시, 관련 유효 증빙 자료를 관할 세무기관에 제출해야 하며, 관할 세무기관의 승인 후 면세 혜택을 받을 수 있다.

[보충설명] 해당 자료를 현재 관할 세무기관에 제출할 필요는 없다. 면세 승인이 불필요해졌기 때문이다. 다만 면세 비용을 처리할 때는 회계상 면세 급여임을 명시하고 비용으로 잡는다. 직원은 면세로 처리하고 싶은 금액이 개인 임차 비용이라면 임차 계산서를 집주인으로부터, 자녀 학자금이라면 계산서를 학교로부터 받아 회사에 제출해야 한다.

二、对外籍个人因到中国任职或离职，以实报实销形式取得的搬迁收入免征个人所得税，应由纳税人提供有效凭证，由主管税务机关审核认定，就其合理的部分免税。外商投资企业和外国企业在中国境内的机构、场所，以搬迁费名义每月或定期向其外籍雇员支付的费用，应计入工资薪金所得征收个人所得税。

2. 외국인 개인이 중국에서 근무를 시작하거나 퇴직하면서 실비 정산 방식으로 받은 이사 비용은 개인소득세를 면제한다. 이에 납세자는 유효 증빙을 제출해야 하며, 관할 세무기관의 검토 후 합리적인 범위 내에서 면세된다. 다만, 외국인 투자기업이나 외국 기업이 중국 내 기관이나 사업장에서 외국인 직원에게 이사 비용 명목으로 매월 또는 정기적으로 지급하는 비용은, 급여 소득에 포함되어 개인소득세가 부과된다.

[보충설명] 참 자세하다. 실비 정산 방식으로 받는 이사 비용은 면세를 받을 수 있으나, 매월 혹은 정기적으로 지급하는 이사 비용은 급여에 해당하여 개인소득세를 납부해야 한다고 한다. 극히 상식적인 내용이다.

三、对外籍个人按合理标准取得的境内、外出差补贴免征个人所得税，应由纳税人提供出差的交通费、住宿费凭证（复印件）或企业安排出差的有关计划，由主管税务机关确认免税。

3. 외국인 개인이 합리적인 기준에 따라 받은 국내외 출장비 보조금은 개인소득세를 면제한다. 납세자는 출장 시 발생한 교통비 및 숙박비 증빙서

류(사본) 또는 기업의 출장 관련 계획 자료를 관할 세무기관에 제출하여 확인받아야 면세 혜택을 받을 수 있다.

[보충설명] 이 항목은 논란의 여지가 있다. 현재 중국인의 경우 출장 시 보조금이 확실하게 급여로 처리된다. 그러나 출장 비용은 대부분 실비 정산이므로 출장 보조금 자체가 없어지는 추세다. 이 항목은 면세로 처리하지 않는 것을 추천한다.

四、对外籍个人取得的探亲费免征个人所得税, 应由纳税人提供探亲的交通支出凭证（复印件），由主管税务机关审核, 对其实际用于本人探亲, 且每年探亲的次数和支付的标准合理的部分给予免税。

4. 외국인 개인이 받은 가족 방문 비용은 개인소득세를 면제한다. 납세자는 가족 방문 시 발생한 교통비 증빙서류(사본)를 제출해야 하며, 이에 관할 세무기관의 검토가 이루어진다. 이후 실제 본인의 가족 방문에 사용된 부분으로서 연간 방문 횟수 및 비용이 적절한 경우에 대해 면세를 인정한다.

[보충설명] 해당 비용에 대해서는 일반적으로 직원 당사자만 연간 2회 면세를 받을 수 있다. 본인 외 가족은 가능하지 않으니 회사에서 가족 항공료를 지원했다면 이는 급여로 처리해야 한다. 직원 본인과 가족 항공료를 모두 면세로 진행한 회사가 있었고, 가족 항공료는 급여로 처리되어 개인소득세를 추가로 납부한 사례가 있으니 조심하기를 바란다.

五、对外籍个人取得的语言培训费和子女教育费补贴免征个人所得税, 应由纳税人提供在中国境内接受上述教育的支出凭证和期限证明材料, 由主管税务机关审核, 对其在中国境内接受语言培训以及子女在中国境内接受教育取得的语言培训费和子女教育费补贴, 且在合理数额内的部分免予纳税。

5. 외국인 개인이 받은 언어 교육비 및 자녀 교육비 보조금은 개인소득세를 면제한다. 납세자는 중국 내에서 발생한 해당 교육 관련 지출 증빙과 기간 증명 자료를 제출해야 하며, 관할 세무기관의 검토 후 중국 내에서 언어 교육을 받거나 자녀가 중국 내에서 교육을 받는 데 사용된 합리적인

금액에 한하여 면세 혜택을 받을 수 있다.

[보충설명] 자녀 수업료에 대해서는 면세 혜택을 받을 수 있으나 통학 버스 비용, 컴퓨터 구입 비용, 여행 경비 등은 불가하니 참고 바란다.

이후 외국인 면세 정책이 2021년까지로 제한된다는 규정이 발표되었다. 이 또한 중국어 원문과 한국어 번역을 함께 수록한다.

关于个人所得税法修改后有关优惠政策衔接问题的通知
(개인소득세법 개정 후 관련 혜택 정책의 연계에 대한 통지)

财税〔2018〕164号
재세〔2018〕164호

七、关于外籍个人有关津补贴的政策
7. 외국인 개인 관련 수당 및 보조금에 대한 정책

(一) 2019年1月1日至2021年12月31日期间，外籍个人符合居民个人条件的，可以选择享受个人所得税专项附加扣除，也可以选择按照《财政部 国家税务总局关于个人所得税若干政策问题的通知》(财税〔1994〕20号)、《国家税务总局关于外籍个人取得有关补贴征免个人所得税执行问题的通知》(国税发〔1997〕54号)和《财政部 国家税务总局关于外籍个人取得港澳地区住房等补贴征免个人所得税的通知》(财税〔2004〕29号)规定，享受住房补贴、语言训练费、子女教育费等津补贴免税优惠政策，但不得同时享受。外籍个人一经选择，在一个纳税年度内不得变更。

(1) 2019년 1월 1일부터 2021년 12월 31일까지의 기간 동안 외국인 개인이 거주자 개인 조건에 부합하는 경우, 개인소득세 특별공제를 선택하여 적용받거나, 다음의 규정에 따라 주택 보조금, 언어 교육비, 자녀 교육비 등의 면세 혜택 정책을 선택할 수 있다.

- 《재정부 및 국가세무총국 개인소득세 관련 정책 문제에 대한 통지》(재세 〔1994〕 20호)
- 《국가세무총국 외국인 개인이 받는 보조금의 소득세 면제 관련 문제에 대한 통지》(국세발 〔1997〕 54호)
- 《재정부 및 국가세무총국 외국인 개인이 홍콩·마카오 지역 주택 보조금 등에 대해 소득세를 면제받는 문제에 대한 통지》(재세 〔2004〕 29호)

단, 두 가지 혜택을 동시에 적용받을 수는 없다. 외국인 개인이 일단 선택한 경우, 동일 과세 연도 내에서는 변경할 수 없다.

(二) 自2022年1月1日起, 外籍个人不再享受住房补贴、语言训练费、子女教育费津补贴免税优惠政策, 应按规定享受专项附加扣除。

(2) 2022년 1월 1일부터 외국인 개인은 주택 보조금, 언어 교육비, 자녀 교육비 등의 면세 혜택을 더 이상 받을 수 없다. 대신, 규정에 따라 특별공제를 적용받아야 한다.

[보충설명] 위에 〔1997〕 54호 문건에 대한 번역본은 이미 놓아두었으니 참고하면 된다. 참고로 중국인은 한도가 정해진 6가지 항목에 대한 특별공제만 가능하다. (이는 다음 장에서 자세하게 설명할 것이다.) 외국인의 경우 중국인과 같은 공제항목을 선택할 수도 있고, 외국인 면세를 선택할 수도 있다. 단 1년에 한 번 선택하면 그 연도 중에는 변경할 수 없으니 주의해야 한다. 일반적으로는 외국인 면세가 유리하다.

또한 이 조항에서는 2022년 1월 1일부터 외국인 면세를 해주지 않는다고 써놓았지만, 결국 두 번의 연장으로 2027년 12월 말까지 외국인 면세를 활용할 수 있게 되었다. 보통 규정에 연장 계획이 있으면 기한을 명시하지 않고 추후 통지라는 용어를 사용하는데 이 건은 그런 경우도 아니었다. 이는 코로나와 경기 침체의 여파로 매우 예외적인 케이스라고 할 수 있겠다.

중국에는 연말정산이 없다던데?

개인소득세에 대하여, 중국은 한국처럼 월별 예정 납부가 아니라 확정 납부이다. 그러므로 한국과 같은 연말정산이 있을 수 없다. 매월 급여가 확정되면 세금도 바로 확정되어 버린다. 그래서 중국의 개인소득세 신고는 비교적 쉽다. 세금을 공제해주는 항목은 일반적인 경우 단 두 가지다. 하나는 한국의 인적공제, 이는 매월 개인당 5천 위안이다. 2018년 10월부터 기존의 3500위안에서 금액이 늘어났다. 다른 하나는 사회보험 및 공적금의 개인부담금이다. 다만 2019년 1월부터는 월별이 아니라 연도별 확정 납부로 변경되었다. 그러나 여전히 한국의 연말정산 개념은 아니다. 중국의 확정 납부는 한국의 연말정산과 종합소득세 신고의 중간 정도로 보는 것이 맞을 것 같다.

과거에는 동일한 연봉이라 하더라도, 인센티브로 인해 매월 받는 급여가 다른 사람과 매월 동일한 급여를 받는 사람의 세율이 달랐다. 총 연봉이 같더라도 말이다. 즉 매월 급여가 다른 사람이 매월 급여가 같은 사람보다 개인소득세를 많이 납부했다. 이는 개인소득세가 누진세 방식이라서 구간별로 세율이 다르기 때문이다. 하지만 지금은 개인소득세가 월 납부 기준에서 연 납부 기준으로 크게 바뀌었다. 이는 엄청난 변화다. 그러면서 추가 공제 항목이 생겼는데, 바로 지금 소개할 6가지 항목을 보면 된다. 자녀교육비, 계속교육비, 중병의료비, 주택대출이자, 주택임차료, 노인부양비가 그것이다. 그럼 이 항목들을 하나씩 살펴보도록 하자.

첫째, 자녀교육비子女教育는 연간 자녀 1인당 2만 4천 위안 한도로 공제된다. 인당 기준이니 자녀가 2명이라면 연간 4만 8천 위안을 공제받을 수 있다. 아이 부모 중 한 명이 100% 공제받을 수도 있고, 선택적으로 나누어 받을 수도 있다. 예를 들어 자녀 한 명에 대해 어머니 아버지가 각 1만 2천 위안씩 공제받아도 된다. 이는 표준 공제 기준이니 일반적으로 영수증 없이도 가능하나, 상세한 사항은 좀 더 두고 봐야 할 필요가 있다.

둘째, 계속교육비继续教育는 본인 스스로의 발전을 위한 교육비를 말한다. 대학교, 대학원 등 정규교육기관이면 연간 4800위안 한도, 전문기술자격증 교육은 연간 3600위안 한도로 공제가 가능하다. 이 또한 기본적으로는 관련 증빙을 수취해야 한다.

셋째, 중병의료비大病医疗는 다른 항목과 달리 정액 개념이 아니라 실질 발생 비용 기준이므로 세무조사를 나오면 가장 많이 확인하는 항목이다. 매년 1만 5천 위안을 넘는 금액부터 공제가 가능하고 공제 한도는 8만 위안이다. 의사 소견서, 관련 영수증 등을 챙겨서 가지고 있어야 한다.

넷째, 주택대출이자住房贷款利息는 주택구입에 대한 이자 부분을 공제해주는 것이다. 연간 1만 2천 위안 한도이다. 이 또한 부부라면 둘 중 한 명만 공제가 가능하다.

다섯째, 주택임차료住房租金의 경우 근무하는 도시에 집이 없다면 임차한 주택에 대해 월정액을 공제해준다. 다만 도시별로 기준이 다르다. 상해, 북경 등 대도시의 경우 연간 최대 1만 8천 위안 한도가 적용된다. 대도시를 제외하고 도시 인구가 100만 명 이상일 경우 연간 1만 2100위안(월 1100위안), 인구 100만 미만의 소도시일 경우 9600위안(월 800위안) 한도가 적용된다. 임차 계약 등 관련자료는 본인이 보관하면 된다. 다만 추후 세무국이 요청한다면 자료를 제공할 의무가 있으므로 이를 참고해야 한다. 덧붙여 말하자면 넷째, 다섯째 항목은 주택 보유 여부에 따라 둘 중 하나만 선택할 수 있다.

여섯째, 노인부양비赡养老人의 경우 부모를 부양하는 자녀는 연간 3만 6천 위안을 공제받을 수 있다. 이는 기존 2만 4천 위안에서 1만 2천 위안이 인상된 금액이다. 그런데 왜 '부모'가 아니라 '노인' 부양이라는 용어를 사용할까? 이 비용 공제는 부모 중 한 명을 부양하든 조부모를 포함하여 세 명을 부양하든 똑같이 3만 6천 위안을 공제받기 때문이다. 자녀가 두 명 이상일 경우 공제를 나누어 받아도 된다. 이 경우 인당 최대 1만 8천 위안 한도 안에서 각자 얼마를 공제할지 정하기만 하면 된다.

지금까지 중국의 사회보험, 개인소득세 공제, 외국인 개인소득세 면세와 관련하여 문의가 많았던 항목들 위주로 살펴보았다. 다음은 중국의 세법상 인센티브에 대해 알아보도록 하자.

중국의 인센티브를 활용한 절세 방법

중국의 인센티브 우대 세율 제도는 2022년부터 사라질 예정이었으나, 2년 연장 후 다시 3년이 연장되어 2027년 말까지 지속되는 것으로 개정되었다. 2018년까지 중국의 개인소득세는 월별 확정 납부 방식이었다. 즉 항상 일정한 급여를 받는 사람들은 손해가 없지만 1년에 한 번 인센티브를 받으면 평범한 급여소득을 받는 직원도 갑자기 최고 세율로 개인소득세를 납부하는 경우가 생긴다. 이러한 사례 때문에 인당 1년에 한 번은 인센티브 세율을 적용받을 수 있는 우대정책을 만들었다. 예를 들어 어떤 회사가 실적이 좋아 12월에 인당 2천만 원의 인센티브를 뿌렸다면, 직원들은 그 달에 최고세율인 45%의 개인소득세를 납부해야 한다. 이 경우, 개인의 입장에서는 억울할 것이다. 그 2천만 원을 매월 나누어 받았다면 45%가 아니라 평소 급여 수준에 따라 10~20%의 세율을 적용받았을 것이기 때문이다. 그래서 1년에 한 번은 인센티브 세율을 활용할 수 있도록 정해둔 것이다. 즉 2천만 원을 받았다면 그것을 12개월로 나누어, 167만 원을 받은 것으로 간주하고 해당 금액에 대해 개인소득세를 적용받도록 해주는 것이다. 그러면 167만 원 기준의 세율인 10%의 세율만 적용을 받아 10%의 개인소득세만 납부하게 된다.

그런데 2019년부터는 월별 확정 납부가 아니라 연간 확정 납부로 변경되었다. 이제는 굳이 인센티브 세율을 적용할 이유가 없으나, 이 제도가 적응 등의 이유로 추가 연장되면서 아직까지는 1년에 한 번 인센티브 세율을 적용받을 수 있고, 이를 통해 절세가 가능하다. 만약 분기별로 인센티브를 받는다면 두 가지 선택지가 있다. 첫 번째 선택지는 절세를 위해 분기별로 받는 인센티브를 연말에 한 번에 받는 것이다. 두 번째 선택지는 절세보다는 당장 쓸 현금을 우선하는 것으로, 분기별로 받는 인센티브 중 가장 많은 인센티브에 인센티브 세율을 적용받는 것이다. 이렇게 하면 첫 번째 선택지만큼은 아니지만 어느 정도 세금을 줄이는 데 도움이 될 것이다.

그 외 한국의 개인소득세와 다른 점

2019년, 중국의 개인소득세 개정안이 시행되면서 한국과 유사한 점이 늘어났다. 그럼에도 여전히 다른 부분들이 있으니 여기서는 그 차이점을 한번에 정리하여 살펴보도록 하자.

첫째, 한국은 개인소득세를 예납하나 중국은 실질 급여와 실질 개인소득세율을 기준으로 세금을 납부한다. 즉 한국은 1년이 지나면 연말정산이 필수이지만 중국은 연말정산, 엄밀히 말하자면 종합소득세 신고가 필수가 아니다. 급여 외 별도 소득이 없거나 이직을 하지 않고 1년간 한 직장에 있었다면 종합소득세 신고를 하지 않아도 된다. 즉 90% 이상의 평범한 직원들은 종합소득세 신고를 할 필요가 없다. 이는 14억이 넘는 인구기준에 맞는 효율적인 방법이라고 볼 수 있겠다.

둘째, 한국은 일정 급여에 대해 일정한 세금, 즉 예상 평균 세율을 적용하나 중국은 누진세를 적용한다. 연초에는 3%의 세율, 연중에는 10~20%의 세율, 연말에는 20~45%의 세율을 적용한다. 연간 누적된 세금의 총액이 동일하다고 해도 중국의 경우 조삼모사로 연초에는 적은 세금을, 연말에는 많은 세금을 납부하는 것이다. 세무 강의를 할 때면 수강생들의 이해를 돕기 위해 농담으로 이렇게 말하곤 했다. 월급이 약 8백만 원(4만 1천 위안)인 사람이 매월 회사를 바꾼다면 이 직원은 매월 3%의 세율만 적용이 될 거라고 말이다. 그리고 그 다음 해 6월 말이 되기 전까지 이민을 가면 된다.

아직 중국의 세무국 시스템에는 개선되어야 할 사항들이 많다. 이를테면 개인별 정보는 시스템 연동이 되지 않아, 회사가 바뀌면 다시 새로운 개인소득세 세율이 적용된다. 그런 이유로 매월 이직을 하면서 세율을 리셋할 수 있는 것이다. 그리고 나서 다음 해 6월 말 종합소득세를 신고할 때는 그동안 납부하지 않은 세금을 개인적으로 납부해야 한다. 참고로 기존 회사의 급여를 새로운 회사에서는 알 수가 없다. 합산 신고이므로 이것은 회사의 책임이라기보다는 개인의 책임이다. 추후 시스템이 개선되면 인적정보를 연동해서 가장 마지막 회사에 책임을 지울 수도 있겠지만 아직은 아니다. 각 개인들이 관련 법규를 잘 알고 신고해서 벌금을 납부하는 일이 없어야 하겠다.

셋째, 외국인인 우리들에게만 해당되는 면세 규정이 있다. 자세한 것은 위에서 설명했으므로 여기서는 간단하게 정리하겠다. 과거 15년 전까지만 해도 필자가 다니던 직장에서는 외국인과 중국인의 급여 차이가 5~10배에 달했다. 당시 외국인 인재를 유치해야 했던 중국이 외국인에게 큰 혜택을 주었던 것이나. 그러나 15년이 지난 지금은 직급이 높은 경우, 오히려 중국인의 급여가 높은 역전현상이 발생했다. 외국인 면세 역시 과거의 유물이라며 2022년에는 역사 속으로 사라질 뻔했으나 2027년 말까지 한시 시행되는 것으로 연장되었다. 2027년 말에 또 한번 연장이 될지 그 여부를 지켜보면 좋을 듯하다.

넷째, 1년에 한 번 인센티브 우대 세율을 활용할 수 있다. 이 또한 위에서 설명했으므로 간단히만 언급하자면, 중국의 인센티브 제도는 월별 확정 납부가 시행되던 과거의 유물이다. 이 역시 2022년부터 사라진다고 했다가 2027년 말까지 기한이 연장되었고, 2027년 말에 연장 여부를 지켜보는 재미가 있을 듯하다.

다섯째, 종합소득세 신고에 포함되는 범위가 다르다. 한국은 종합소득세라는 말이 부끄럽지 않을 만큼 많은 소득을 합산한다. 일부 분리과세 대상이 있지만 이를 제외하고도 이자소득, 배당소득, 사업소득, 근로소득, 연금소득, 기타소득 등이 포함된다. 중국은 단 네 가지의 소득만 합산하여 과세한다. 즉 급여, 용역(노동성), 원고료, 로열티를 합산하여 개인소득세를 신고하면 된다. 과거에는 이 네 가지 항목도 분리과세였다가 2019년에야 합산신고로 바뀌었다.

이외에도 차이점이 더 있을 수 있지만 크게 이 다섯 가지만 참고해도 충분할 것이다.

거주자/비거주자 신분에 따른 세금 차이가 있다?
(ft. 주재기간이 만료되어 귀국 몇 달 후 수백만 원의 벌금이 발생한 사례)

기본적으로 거주자나 비거주자나 세율은 동일하다. 다만 한 가지 차이가 있다. 거주자는 연간 기준으로 세율이 적용되고, 비거주자는 월간 기준으로 세율이 적용된다. 별 차이가 아니라고 생각할 수도 있으나 이 작은 차이가 큰 변화를 만들어 낸다. 그 내용을 정리하자면 다음과 같다.

첫째, 비거주자는 매월 세금이 확정되기 때문에 언제 떠나도 세금 이슈가 없다. 매월 동일한 세금을 납부하므로 손해를 볼 일도 없다. 참고로 비거주자는 대부분 외국인일 텐데, 외국인의 경우 비거주자라도 2027년 12월말까지 개인소득세 면세 적용이 가능하다.

둘째, 비거주자는 중국인을 대상으로 하는 특별공제를 선택할 수 없다. 위에서 언급한 외국인 면세 혜택만 받을 수 있다. 그러나 중국인 특별공제보다 외국인 면세가 일반적으로 유리하니 불이익을 받을 부분은 없다.

셋째, 외국인, 특히 주재원은 언제 본국으로 복귀할지 모른다. 즉 1월 1일부터 12월 31일까지 한 해 동안 체류 기간이 183일 이상일지 미만일지 알 수 없을 때가 많다. 기존에 거주자로 신고했더라도 183일을 채우기 전에 본국으로 다시 돌아가야 한다면 비거주자가 된다. 그러면 앞선 신고를 모두 수정해야 한다.

세무국에서 연락이 왔다며 상담을 의뢰한 한 회사가 있었다. 이 회사에는 현지에서 채용된 한국인 직원 두 명이 있었다. 두 직원은 모두 6월 말에 퇴사를 했고 6월 30일 당시 재무담당자는 거주자, 비거주자 개념을 알지 못했다. 그래서 당연히 다른 외국인들처럼 거주자로 신고를 했고, 조삼모사로 비거주자 대비 세금을 적게 납부한 상황이었다. 각종 수당을 포함하여 월 1천만 원(5만 위안)의 급여를 기준으로 계산해본 결과, 비거주자로 신고했다면 연간 1080만 원(5만 4540위안)의 세금을 납부해야 했으나 거주자로 신고했기 때문에 740만 원(3만 7080위안)의 개인소득세만을 납부하게 되었다. 세무국에서는 수정신고를 요구했고, 회사에서는 차액에 해당하는 340만 원(1만 7460위안)의 세금을 세무국에 추가 납부했다. 그리고 다행히 회사는 한국으로 복귀한 그 직원에게 개인소득세 신고를 잘못했다고 말한 후 차액을 수취했다고 한다.

여기서 재미있는 상황이 발생한다. 두 명의 직원이 동시에 한국으로 복귀했는데 한 직원은 개인소득세를 추가 납부했고, 다른 한 직원은 추가 납부하지 않은 것이다. 알고 보니 두 명의 직원 중 한 직원은 같은 해에 부모님과 4박 5일로 중국 장가계 여행을 왔다고 한다. 이 경우 1/1~6/29(출국한 6/30은 제외)에 해당하는 체류기간 180일에 여행 기간을 합칠 수 있다. 즉 이 직원은 중국 입국 출국에 걸린 2일을 제외하고 여행으로 체류한 3일을 더해, 총 183일을 중국에서 거주한 것으로 인정받은 것이다. 퇴사 후 340만 원의 개인소득세를 추가 납부한 직원에게, 회사가 6월 30일이 아닌 7월 3일에 한국으로 출국하라고 말해주었다면, 그 직원은 약 340만 원의 세금을 아낄 수 있었을 것이다. 그런데 여기서 의문점이 있다. 세무국은 이 상황을 도대체 어떻게 알았을까? 여기에는 두 가지 가능성이 있을 것 같다. 첫째는 출입국 관리 기록을 이제는 세무국에서도 확인할 수 있게 되었을 가능성(공안국 산하 출입국관리사무소에서는 개인소득세 내역을 확인할 수 있다), 둘째는 회사가 세무국에 직접 확인을 해주었을 가능성이다. 정황상 전자일 확률이 높으리라고 본다.

지금까지 같은 외국인이라도 거주자, 비거주자 여부에 따라 세무에서 차이가 발생할 수 있음을 이야기했다. 다음은 세무와 관련은 적지만 회사가 외국인을 채용할 때, 그리고 외국인이 중국에서 근무할 때 필수적으로 알아야 할 사항들을 정리해보려고 한다. 이를 몰라서 벌금을 내거나, 최악의 경우 추방까지 당한 사례가 있으니 반드시 유의하기를 바란다.

중국에서 외국인을 채용할 때 주의해야 할 점은?

중국에서 외국인 채용은 아래와 같은 프로세스로 진행이 된다.

1. 취업 확정
2. 고용계약
3. 취업허가 / 취업비자(거류증)
4. 근무 시작
5. 퇴사

각 프로세스에 대해 자세하게 알아보자.

1 취업 확정

먼저 외국인의 취업이 확정된 후 회사가 해야 할 일은 다음과 같다. 노동국에서 취업허가증을 받아주어야 하고, 공안국 산하 출입국관리사무소에서 취업비자(거류증)을 만들어주어야 한다. 과거에는 취업허가증과 취업비자 발급 여부에 관계 없이 입사하여 근무를 시작했으나, 앞으로는 이런 일이 없도록 조심해야 한다. 이는 과거에도 불법이었지만 그때는 문제 삼지 않았을 뿐이고, 지금은 중국 정부에서 관심을 가지고 제대로 관리하고 있기 때문이다.

종종 '전에는 문제 없었는데요?'라고 말하거나, 심지어는 주변에 자신 있게 '전에 문제 없었으니 지금도 문제 없어'라고 말하고 다니는 분들이 있다. 대신 감옥에 가거나 벌금을 납부할 것이 아니라면, 그렇게 함부로 이야기해서는 안 된다. 피고용인이라면 반드시 취업허가와 취업비자를 모두 발급받은 후에 근무해야 한다. 취업비자를 발급받기 전에 근무를 할 수밖에 없는 상황이라면, 공안국이 사무실을 찾아왔을 때 들키지 않도록 신경써야 한다. 또한 회사에서도 모든 서류를 마치 해당 직원이 회사에 근무하지 않는 것처럼 관리해야 한다. 거류증이 나오지 않았다면 해당 직원 이름으로 된 사원증 및 책상 명패도 만들어서는 안 된다.

2 고용계약

취업이 확정되면 취업허가와 거류증을 만들어야 하고, 이를 위해서는 고용계약이 있어야 한다. 다만 고용계약서를 쓸 시점에는 근무시작일을 정확히 알 수가 없다. 거류증이 완료되어야 근무를 시작할 수 있기 때문이다. 이를 해결할 수 있는 방법에는 두 가지가 있다. 첫 번째는 거류증이 언제 나올지 정확히는 알 수 없더라도 대략적인 시점은 알 수 있으니, 약 2달 후부터 근무를 시작하는 것으로 계약서를 작성하는 방법이다. 두 번째는 계약 날짜는 적되 언제 취업비자가 나올지 모르니, 실제 근무는 거류증 완료 날짜 이후부터 시작하는 것으로 하고 계약기간을 1년 혹은 2년 이런 식으로 적는 방법이다. 근무시작일이 모호하다면 원 고용계약에 보충협의서를 작성하여 근무시작일을 다시 명시하는 방법도 있다.

3 취업허가 / 취업비자(거류증)

취업이 확정되면 고용계약을 체결할 테고, 우리는 외국인이므로 고용계약 체결 후 인재중심(인력자원사회보장부, 과거 노동국)에서 취업허가를, 공안국 산하 출입국 관리사무소에서 취업비자를 발급 받아야 한다. 취업비자를 받는 방법에는 두 가지가 있다. 첫째는 중국에 오기 전에 출장비자(지금은 비자가 필요 없으니 무비자)를 받고 중국에 와서 취업허가와 취업비자를 신청하는 방법이고, 둘째는 한국에서 취업허가를 받고 중국에 와서 취업비자를 신청하는 방법이다. 이는 책의 주제도 아니고 필자의 업도 아니니 간단하게만 언급하는 것으로 하겠다.

4 근무 시작

근무가 시작되면 지역별로 외국인 사회보험 가입 여부를 확인한 후, 사회보험에 가입하고 보험료를 납부해야 한다. 채용확정과 거류증 사이에는 한두 달의 시차가 발생하는데, 이 때문에 사람을 채용해 놓고 근무가 미뤄지면 회사도 직원도 납납하다. 이럴 때는 한 가지 팁이 있다. 바로 개인 명패가 있는 정식 자리를 만들지 않는 것이다. 불시 점검 시 거류증이 없는 상태로 근무하는 것이 발각되면 벌금을 내거나, 심하게는 법인 대표가 법적인 책임을 질 수도 있다. 잠시 놀러(?) 온 것을 뭐라 하진 않을 터, 공안국에는 직원이 아니라고 둘러

대거나 혹은 재택근무를 하는 방법도 있다.

여기에 추가적으로 고려해야 하는 사항이 있다. 취업허가와 거류증이 모두 완료되어야 근무를 시작할 수 있고, 근무를 해야 급여를 받을 수 있다. 만약 취업허가와 거류증을 받기 전에 실근무를 시작한 후 급여를 먼저 받았다면 아둔하게 스스로 불법을 저질렀음을 폭로하는 셈이다. 서류상 정식으로 근무가 시작되지 않았다면 급여를 줄 수 없다. 다만 이를 입사 인센티브로 처리하는 방법이 있다. 또한 연 1회 인센티브 세율을 적용할 수 있는 세제 혜택도 있기 때문에 일석이조가 될 수도 있다. 이는 회사별로 상황이 다를 터이니 참고만 하기를 바란다.

5 퇴사

중국인의 경우 자발적 퇴사를 하게 되면 퇴직금 혹은 경제보상금을 지급할 필요가 없으므로, 사회보험과 공적금만 말소 처리를 잘 하면 된다. 그러나 외국인의 경우 앞서 만들어 놓았던 취업허가와 거류증을 말소 처리해야 한다. 이 또한 과거에는 중국 정부가 신경을 쓰지 않아 법이 있어도 지키지 않는 관행이 있었으나, 지금은 바뀌었다. 취업허가증과 거류증을 꼭 빼먹지 말고 말소해야 한다. 다만 해당 지역에서 문제를 삼지 않는다면 조금 늦어져도 될 테니, 확실하게 확인한 후 시행하기를 바란다.

중국 거주 외국인 A씨가 2024년 올해
30일간 외국에 나가야 하는 이유

필자는 매주 고객사들에게 중국 세무 뉴스레터를 송부한다. 2024년 4월 3일에는 고객사 뉴스레터로 송부한 내용을 지역 신문인 상하이 저널이 칼럼으로 실어주었다. 중국 거주 외국인에게 유용한 정보라고 판단했던 듯하다. 이는 지역사회에서도 한동안 이슈가 되었는지, 덕분에 한 달간 한국에 다녀왔다며 거주 한인들의 감사 인사를 꽤 받기도 했다. 아래 그 내용을 소개한다.

[중국 세무회계 칼럼]
A씨가 올해 연속 30일간 외국에 나가야 하는 이유

'개인소득세 확정신고'와 관련된 사항은 회사도 알아야 하지만 그보다는 중국에 거주하는 외국인이 반드시 알아야 하는 내용이다. 관련 사항을 잘 알지 못해 추후 수천만 원, 수억 원의 세금이 부과되는 문제의 발단이 될 수 있기 때문이다. '법은 법 위에 잠자는 사람을 보호하지 않는다'고 모 변호사님이 말했다(최초 쓰였던 문장은 '법은 권리 위에 잠자는 자를 보호하지 않는다'라는 격언으로, 독일의 법학자 루돌프 폰 예링이 그의 저서 《권리를 위한 투쟁》에서 제시했다고 한다).

올해 30일 연속 중국을 떠나지 않아도 되는 경우
먼저, 아래 사항 중 한 가지라도 해당되면 이번 주제와 무관하다.

- 중국에 거주하지 않는 자
- 올해 혹은 내년에 중국에서 한국으로 이사 계획이 있는 자
- 중국 외 다른 국가(한국 포함)에 소득이나 재산이 없는 자
- 2019년부터 지금까지 단 한 번이라도 31일 동안 연속으로 중국이 아닌 해외에 머물렀던 자

A씨는 2019년부터 연속 30일 이상 중국을 떠난 적이 없다. 개별 합산이 아니라 연속 30일이다. 중국의 경우 출발일과 도착일은 모두 중국 외 거주로 간주하니 출발일과 도착일을 모두 포함한 기준으로 말하면 31일 이상 해외에 거주해야 한다. 중국에 거주하는 외국인은 두 가지 종류로 나뉜다.

- 1년에 183일 이상 중국에 거주하는 '일반 거주자'
- 6년 연속 중국에 거주해 전세계에서 벌어들이는 소득을 중국에 신고하고 세금을 납부해야 하는, 세법상 중국인으로 간주되는 '장기 거주자' ('장기 거주자'라는 표현은 이해를 돕기 위해 사용한 것으로, 세무상 용어로는 무제한 납세 의무자라고 하기도 한다.)

'6년 연속 중국 거주자'가 알아야 할 것

6년 연속 중국에 거주해서 장기 거주자가 되면 뭐가 어떻게 된다는 것인가? 우리가 아는 중국 거주자는 중국에서 일한 대가로 받는 급여에 대해서만 세금을 납부하고 있다. 그러나 6년 연속 중국에 거주해 장기 거주자가 되면, 그때부터는 전세계 모든 소득에 대해서도 중국에 세금을 납부해야 한다. 예를 들어 한국에서 집을 팔아 소득이 생겼다거나, 한국 기업의 주식 및 코인에 투자해서 수익을 얻었다면 중국에 세금을 낼 수도 있다는 뜻이다. 과거에는 해외 생활을 하면 중국에서 세금 혜택을 주었으나 지금은 두 국가 중 더 많은 세금을 걷는 나라에 세금을 납부해야 하는 리스크가 생겼다고 볼 수도 있다.

따라서 A씨의 경우 만약 올해 31일 이상 해외에 머물지 않는다면 중국 장기 거주자가 된다. 해외에서 받은 배당, 주식투자 소득, 집에 대한 양도소득세 등을 통틀어 두 국가 중 세금이 높은 국가의 적용을 받는다는 뜻이다. 중국에 거주하는 사람들은 알겠지만 어떤 세금은 한국 세율이 낮고 어떤 세금은 중국 세율이 낮다. 두 국가 중 세율이 높은 곳의 세금을 적용받으니 주의해야 한다는 뜻이다.

2019년부터 거주기간 관리 시스템 시작

그동안 연속기간 적용에 '5년 규정'이 있었으나 유명무실했고, 2019년에 '6년 규정'으로 바뀌면서 드디어 시스템 관리가 시작됐다. 당장 눈에 보이지는 않겠지만 2025년부터는 서서히 관련 규정이 적용되며 불리한 위치에 놓이는 외국인들이 생길 수도 있다. 다시 돌아가서 A씨는, 재산은 별로 없지만 그럼에도 추후 중국에 납부하지 않아도 되는 세금을 납부하게 될 수 있으니, 그리스크를 없애기 위해 중국 외 해외 지역에 31일간 머물 예정이다.

2025년 6월 말까지 모든 중국 내 거주자는 개인소득세 확정신고를 해야 한다. 그중 외국인은 개인소득세 확정신고를 할 때 아래와 같이 '거주 신분 판단'이라는 두 가지 추가 항목을 작성해야 한다.

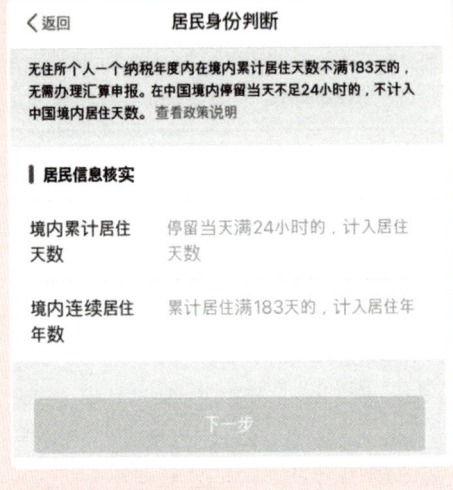

중국 개인소득세 외국인 거주연수 거주일수 보고(중국 세무국 개인소득세 APP화면)

첫 번째는 2024년 1월 1일부터 12월 31일까지 "중국에 며칠 머물렀나"를 묻는 항목이다. 183일이 넘었다면 며칠을 입력하든 결과는 마찬가지다. 두 번째는 "중국에 연속 몇 년 머물렀나"를 묻는 항목이다. 보충 설명하자면, 중국에 체류한 기간이 183일 이상인 해가 연속 몇 년인지를 묻는 것이다. 이 항목은 위에서 언급한 사항으로, 중국을 떠나 있었던 기간이 연속 30일을 초과(중국 출국일, 도착일 포함 31일 이상)하는 해가 있었다면, 그 해당 연도는 제외하고 연수를 작성하면 된다.

예를 들어, 2022년도에 연속 31일 이상 한국에 있었다면 2022년도는 연속 연수에서 빠진다. 즉 2024년 말에 개인소득세 확정신고를 하고 있다면, 이때 기입해야 할 연속 중국 거주 연수는 2년이 된다는 말이다. 2022년도는 해당되지 않고 2023년와 2024년도만 해당되기 때문이다. 2025년도분 확정신고를 할 때는 중국 거주 3년째라고 하면 된다.

주소지가 없는 개인이 이전 6년 연속기간 동안(2019년 이전은 5년 연속기간),

매년 중국에 거주한 기간이 누적 183일을 넘지 않거나, 연속 30일 이상의 기간을 경외에 체류한 적이 있는 경우에는, 경외 원천소득에 대해서 개인소득세를 납부하지 않아도 된다.

체류기간	경내 원천소득		경외 원천소득	
	국내고용주가 지급	국외고용주가 지급	국내고용주가 지급	국외고용주가 지급
1일~182일	경내근무기간에 대한 소득세만 과세	비과세	비과세	비과세
183일~6년	과세	과세	과세	비과세
6년 초과	과세	과세	과세	과세

체류기간과 경내외 원천과세(ft. 비거주자, 거주자, 장기 거주자 구분)

국세청에서 발행한 《2024년 재중납세자가 알아야 할 한중 세금상식》에 따르면, 연속 거주 기간이 6년을 초과한 경우에는 경외 원천소득에 대해서도 세금을 납부해야 한다. 사실 여기에 부동산 양도소득세, 주식 소득, 배당 등에 대한 언급은 없다. 다만 6년을 초과하여 중국에 거주한다는 것은 세법상 중국인으로 간주한다는 말이니, 굳이 그 리스크를 감수하며 중국에서 살 필요가 없다면 알아둬야 할 것이다.

필자가 과하고 민감하게 반응하는 것처럼 보일 수 있다. 다만 세금은 아무리 완벽하게 99.99% 잘 관리해왔다 하더라도 0.01%의 결격사유로 벌금이 부과될 수 있다. 앞서 말했듯 법은 법 위에 잠자는 사람을 보호하지 않기 때문에 각자가 잘 챙기는 것이 중요하다.

위의 칼럼이 나간 후 이메일로 적지 않은 질문을 받았다. 이해를 돕기 위해 당시 주고받았던 추가 Q&A를 공유하니 아래 내용을 참고하기 바란다.

Q1. 6년 연속 중국에 거주하여 내년에 장기 거주자(무제한 납세 의무자)가 될 경우, 2019-2024년에 벌어들인 경외소득도 전부 합산해서 신고해야 되는 건가요? 아니면 2025년에 장기 거주자로 판

정된 후, 2024년에 발생한 경외소득만 신고하면 되나요? 이것도 아니면 2025년에 벌어들인 경외소득만 2026년에 신고하면 되는 건가요?

A1. 6년 연속 중국에 거주하게 되면, 6년을 채운 다음 해에 무제한 납세 의무자가 됩니다. 즉 2019년부터 2024년까지 6년 연속 중국에 거주했다면 무제한 납세 의무자가 되는 것은 2025년입니다. 따라서 그 이전 연도 건은 신고 의무가 없습니다. 2024년도를 포함하여 이전에 발생한 경외소득에 대해서는 중국에 납세할 의무가 없으니 신고 의무도 없는 것입니다. 다만 2025년도분의 경외소득에 대해서는 2026년 6월 말까지 개인소득세 종합소득신고 个税汇算清缴를 하셔야 합니다.

Q2. 내년 설 연휴 때 무리를 해서라도 32일 이상 해외에 머물 계획인데요. 2025년에 국외체류 31일 조건을 충족하게 되면 연속 6년이 다시 리셋돼서 2026년에는 국외소득 신고 의무가 없어지게 될까요?

A2. 위 1번에서 회신한 바와 같이 6년 연속 거주하신다면 2025년에는 무제한 납세 의무자가 되고, 2025년에 31일 연속 해외 거주를 하시게 되면 2026년에는 국외소득 신고 의무가 없어지게 됩니다. 또한 이는 6년 기준이니 2026년부터 2031년까지는 경외소득에 대해서 납세 의무가 없어집니다.

Q3. 현시점 중국 거주 6년 이상이면 무제한 납세 의무자가 된다는데, 저희 신랑은 19년부터 23년 9월까지 근로소득자였습니다

(현재는 개인사업자입니다). 그러면 한국에 30일 이상 다녀와야 하나요? 그리고 한 달을 연속으로 다녀와야 하는지, 6년간 다녀온 일수가 총 30일 이상이면 되는지 궁금합니다. 마지막으로 한 달 연속으로 다녀와야 한다면 출국 및 재입국이 24년 내에 이루어져야 하는지도 궁금합니다.

A3. 누적이 아니라 연속으로 31일간 해외에 머물러야 중국의 장기 거주자(무제한 납세 의무자) 자격에서 벗어나게 됩니다. 근로소득자든, 사업자든, 일을 하지 않는 배우자든 우리는 모두 중국에 거주하는 외국인 입니다. 그 외국인은 수입과 직업에 관계 없이, 2019년부터 2024년 12월 말에 해당하는 기간 동안 연속 31일 이상 해외에 머무른 적이 없다면, 2025년부터는 무제한 납세 의무자가 되어 중국과 중국 외에서 발생한 모든 소득을 2025년도분부터 합산 신고해야 합니다. 무제한 납세 의무를 피하려면 2024년 말까지 해외에 연속 31일 머무르셔야 합니다. 중국만 아니면 되고요. 이 조건은 일하지 않는 주부라 해도 마찬가지 입니다.

Q4. 외국인 거주자 6년 규정 관련 기사를 보고 문의 메일 드립니다. 확인해보니 중국 내 거주자(중국 내 본인 명의의 집에 거주하는 자)는 이 건에 해당이 안 된다고 써 있는데 맞나요?

A4. 동건 간단하게 회신을 드릴 수가 없습니다. 여기서 말하는 '중국 내 주소지가 있는지' 여부는 세법상 용어이고, 우리가 흔히 말하는 주소 여부가 아닙니다. 판례가 있으면 명확히 말씀드릴 수 있을 텐데 아직 판례는 못 찾았네요. 따라서 우려는 알겠으나 명확한 답변을 드릴 수가 없습니다.

그럼에도 가능한 선에서 궁금증을 해소해드리자면, 영주권 여부 혹은 집을 구입했는지 여부에 따라 세법상 주소가 있는 것으로 간주되어 31일 연속 해외 거주에 관계없이 장기 거주자(무제한 납세 의무자)로 판단될 가능성이 있습니다. 다만 영주권이 있다고 혹은 집이 있다고 무조건 주소가 있는 것으로 판단되지도 않습니다. 규정이 없어 세무국에 구두로 문의한 결과, 영주권이 있음에도 현재 기준으로는 주소가 없는 것으로 판단한다는 답변을 받았구요. 집 구입 여부도 마찬가지입니다. 아무리 집이 있어도 근무지가 한국으로 바뀔 수 있으니, 동건은 집이 있어도 주소가 있는 것으로 쉽게 판단하지 않는 것까지만 확인 가능합니다. 다만 이는 민감한 부분이니 제가 당국을 대변할 수 없는 점은 참고하시길 바랍니다.

Q5. 거주자가 연속 30일 이상 중국 외 지역에 체류를 할 경우 경외 원천소득세가 면제된다면, 홍콩 법인 계좌에서 한국 개인 계좌로 송금(인센티브)이 된 것들도 경외 원천소득에 포함되는 건지요?

A5. 해외에 31일 이상 연속 거주한 외국인에게는 중국 세무국이 경외 원천소득에 대해 과세하지 않는 것이 맞습니다. 다만 송금은 다른 이야기입니다. 질문자께서는 홍콩 법인 계좌에서 한국 개인 계좌로 송금이 되었고 그 송금의 내역이 인센티브라고 하셨습니다. 해당 금액이 중국에서 일한 대가라면 중국에 과세권이 있구요, 중국 외에서 번 돈에 대한 대가라면 면세입니다. 송금

이 중요한 것이 아니라 그 송금액이 어떻게 생성되었는지가 중요합니다. 여기에서 한국에 과세권이 있는지는 한국 거주자 여부를 따로 고려해야 하니 구태여 언급하지 않겠습니다.

경험담 2

월급을 중국에서 50%, 한국에서 50% 받는 게 당연하다는 분들의 벌금 사례

개인소득세를 상담하다 보면 가장 많이 듣는 이야기다. 한국을 위해서 일한 부분은 한국에서 급여를 받고, 중국 회사를 위해서 일한 부분은 중국에서 급여를 받는데 도대체 뭐가 문제인지 모르겠다며 찾아오는 분들이 있다. 사실은 본인들도 뭔가 이상하다는 것을 안다. 다만 그렇게 필자를 먼저 설득해야 맘이 편한가 보다. 일단 듣지도 않고 필자를 먼저 설득하려고 한다. 그런데 필자를 설득하면 어쩔 것인가? 세금을 부과하는 주체는 중국의 세무국과 한국의 세무국일 텐데 말이다. 이런 때는 논리보다는 감정적으로 먼저 이해시키는 것이 좋다는 것을 안다. 그래서 이분들에게 역으로 질문을 던지곤 한다.

"예. 사장님이 말씀하신 대로 중국을 위해서 일한 돈은 중국에서 받고, 한국을 위해서 일한 돈은 한국에서 받을 수 있습니다. 그럼 예를 들어 전세계에 회사가 있는 글로벌 기업의 임원이 100개 지사를 다니며 일한다고 칩시다. 그럼 연봉 10억인 사람이 각 나라에서 연봉을 1천만 원씩 받으며, 공제 등으로 세금을 단 1원도 내지 않을 수 있습니다. 참고로 중국의 경우 연봉이 2천만 원이면 개인소득세를 납부하지 않구요. 연봉 10억인 사람이 사장님 말씀대로 각 나라를 위해서 일을 했으므로, 100개의 회사에서 연봉을 나누어 받는 것이 공정하고 합리적인 처사라고 생각하시나요?" 이렇게 이야기하면 보통 다른 말을 하지 않는다. 심정적으로 동의를 얻고 나면 그제서야 보충 설명을 해드린다. 거주자, 비거주자 구분에 대한 내용과, 중국 체류 183일이 넘었을 때는 중국에 일단 합산 신고를 해야 한다고 말이다.

추가로 벌금을 크게 맞은 사례 하나를 이야기해볼까 한다. 중국과 한국에 각각 회사가 있는 한 사업가의 사례다. 이분은 중국에서 연봉 8천만 원, 한국에서 연봉 8천만 원을 받았다. 위의 사례와 마찬가지로 필자에게 이야기할 때는 뭐가 문제인지 모르는 척을 하지만, 사실은 문제가 있음을 인지하고 있었던 것 같다. 이분 역시 중국의 세무국에서 불합리하게 벌금을 부과했다며 열심히 필자를 설득했다. 필자를 설득할 에너지로 중국 세무국을 설득하지 싶었다.

이 사장님은 4년간 납부하지 않은 세금(한국에서 받은 급여 8천만 원에 대한 세금)과 50%의 벌금 그리고 하루 0.05%의 이자까지, 총 2억 원의 추가 세금을 납부해야 했다. 중국은 한국과 달리 벌금이 50~500% 이고, 한국의 하루 0.03%이자와 달리 0.05%(연간 18.25%)의 이자를 납부해야 한다. 이분은 억울했을 것이다. 겨우 연봉 3천만 원으로 신고를 했음에도 걸리지 않은 지인들이 있는데, 이 사장님은 연봉을 8천만 원으로 적지 않게 신고했음에도 문제가 되었으니 말이다. 이 회사만 세무조사를 실시했다면 아마 중국에서 받는 급여 자체가 낮지는 않아, 한국의 소득에 대해 추가 확인을 하지는 않았을 것이다. 다만 이는 그 회사뿐만 아니라 해당 지역에서 외국인 개인소득세에 대한 전수조사가 이루어졌기 때문에 문제가 된 건이다.

과거에는 운이 나빠서 걸렸다면 앞으로는 이러한 꼼수들이 기본적으로 문제가 된다고 보아야 할 듯싶다. 국가 간 역외탈세 방지 협력이 강화되고 있고, CRS라는 금융정보 자동교환이 시행되고 있으며, 중국의 개인소득세 규정 정비로 외국인에 대한 과세가 강화될 수 있는 여건이 충분해졌기 때문이다. 더 이상 운에 기대어 넘어가려고 하지 말고 낼 세금은 제대로 납부해야 한다. 절세와 탈세를 구분해야 할 때다.

경험담 3

외국인 취업증 미발급으로 인한 중국 벌금 사례

해당 일화를 제공해주신 분의 허락을 얻고 공유하는 내용이다. 상해시 봉현구에 있는 한 제조업체의 한국인 담당자는 2015년 12월부터 2017년 1월경까지 상용비자(M)와 APEC카드를 가지고 한국과 중국을 오가며 근무했다. 이분은 중국에 들어올 때마다 길게는 40여 일, 짧게는 보름 정도씩 체류했다.

그동안 매번 중국에 입국하면서 꼬박꼬박 주숙등기를 했으므로 아무 문제가 없을 것으로 생각했는데, 어느 날 출입국관리소에서 외국인 근무 조사를 나왔다. 처음에는 기본적인 질문으로 시작되었다. 하는 일과 직위는 무엇인지, 상해 생활에 적응은 하고 있는지, 영업은 잘 되는지, 숙소는 안 불편한지, 언제 중국에 왔는지 등등…. 조사원은 화기애애하게 주고받은 대화를 노트북에 입력한 후, 가지고 온 미니 프린터기로 문서를 출력하더니 내용을 확인케 하고 서명을 요구했다. 그리고 그는 그제서야 방문 목적을 밝히며 "소지하신 비자로는 근무를 하실 수 없습니다. 비자 소지 위반으로 벌금을 내셔야 됩니다."라고 하였다.

아뿔싸, 근무가 아니라 출장이라고 둘러대려 해도, 근무 정황을 간접적으로 밝힌 상황에서 서명까지 했으니 이미 엎질러진 물이었다. 상기 업체 담당자의 경우, 상용비자로는 중국에서 근무할 수 없고 단지 비즈니스 관련 업무, 회의 참석, 거래처 발굴, 미팅 등만 가능하다. 하지만 실제로는 회사에서 근무를 하고 있었기 때문에 법적으로 따지면 비자 위반 및 불법 취업에 속하는 경우가 되겠다.

흔히들 관광비자로 출장을 오거나 전시회에 참석하는 경우가 많아,

위의 담당자도 대수롭지 않게 여겼던 모양이다. 그나마 다행인 것은 위 업체 담당자는 적발 당시 취업비자를 준비중이었기에, 이 점이 어느 정도 참작되었을지 모른다. 위 담당자가 적합하지 않은 비자를 소지한 채 근무한 기간은 약 1년 정도로, 벌금은 상황을 참작하여 개인에게 6천 위안, 법인에게 1만 위안이 부과되었다. 따라서 방문 목적에 맞는 비자를 발급받아 중국에 오는 것이 사소한 벌금(비용) 및 번잡한 조사를 피하는 길이라고 할 수 있겠다.

보통 거류증(취업비자) 관련 벌금은 회사에 최대 1만 5천 위안, 개인당 1만 5천 위안 기준으로 부과된다. 직원 4명이 문제가 되어 7만 5천 위안의 벌금이 부과된 회사도 있었고, 출입국관리사무소와 협의하여 6만 위안으로 벌금을 줄인 경우도 있었다. 그리고 비자를 받지 못한 어떤 영어 교사가 바로 추방된 사례도 있었다. 물론 이때도 벌금은 당연히 부과되었다. 앞으로 단속이 강화되면 단순히 벌금을 넘어 위의 사례처럼 추방까지 당할 수 있으니 각별히 주의해야 한다.

CHAPTER 03

절세와 벌금 사례로 이해하는 증치세

중국의 증치세는 많은 사람들이 잘못 이해하거나 어렵게 느끼는 세금 항목 중 하나다. 필자 역시 한동안 헤맸던 기억이 있다. 대부분이 한국의 부가가치세는 익숙하지만, 중국의 증치세는 어렵다고들 말한다. 그런데 실제로 대화를 해보면 부가가치세의 개념 자체를 모르는 경우가 많다. 잘못된 첫 단추는 여기서부터 끼워진다. 한국의 부가가치세는 많이 들어봤기 때문에 안다고 착각하는 것이다. 하지만 과장 없이 말하자면, 사장님 10명 중 9명은 부가가치세를 모른다. 더 심각한 건 모르는데 안다고 철썩같이 믿고 있다는 점이다. 중국의 증치세를 모르는 게 아니라 사실은 한국의 부가가치세부터 제대로 이해하지 못하고 있는 것이다. 그래서 한국의 부가가치세를 설명하려고 하면, 이런 말을 한다.

"그건 알아, 한국 부가가치세는 나도 알아. 그건 됐고, 중국의 증치세만 설명해주면 돼"

그럼 이때부터 곤란해지기 시작한다. 부가가치세를 모르는 사람에게 어떻게 증치세를 설명하지? 필요 없다는데 억지로 부가가치세를 설명할 수는 없는 일이다. 그래서 필자는 이름만 슬쩍 증치세로 바꿔서 한국의 부가가치세를 설명한다. 그러면 그제서야 설명을 듣기 시작한다. 그리고 필자가 설명을 잘한 것인지, 설명한 지 10여 분쯤 지나면 또 다 이해했다고 말한다. 그런데 문제는 그 다음이다. 다 이해했다고 말한 그 증치세에 대해 끝없는 질문이 반복되기 시작한다. 그럼 이제 한국과 다른 중국의 증치세에 대해 알아보도록 하자.

세금계산서 수취 후 6개월이 넘었다고 매입세액공제를 안 해준다고?

중국에 와서 증치세 때문에 당황스러웠던 일화를 소개하겠다. 첫 번째 사례는 필자가 다녔던 회사에서 있었던 일이고, 두 번째 사례는 필자가 관리하던 회사에서 있었던 일이다.

> **사례 1. 6개월 인증기한을 놓쳐서 1천만 원을 손해 본 사연**
> 어느 날 한국의 한 공급상으로부터 연락이 왔다. 영사 관련 장비를 공급한 지 6개월이 넘었는데 아직도 대금이 집행되지 않았다는 것이다. 필자가 우리 재무팀에 이 건을 확인해보니 자기들은 받은 자료를 모두 송금했다고 하기에, 공급상에게는 구매팀에 연락해서 확인해보라고 말했다. 그랬더니 공급상에서는 구매팀 담

당자에게 6개월째 연락 중이라는 답변이 돌아왔다. 그런데 또 구매팀 담당자 본인은 모든 자료를 재무팀으로 넘겼는데 재무팀에서 공급상에게 자금집행을 하지 않았다고 말하는 것이다.

　6개월 동안 핑퐁을 치고 있었다니, 뭔가 문제가 있어 보였다. 구매팀 담당자와 우리 재무팀 자금집행 담당자를 불러 잠시 미팅을 했다. 확인해보니 회계처리된 내역이 없었다. 그리고 심지어 자금집행 품의서도 없었다. 그럼 우리가 아니라 구매팀에서 업무 진행을 하지 않은 것이었다. 그래서 구매팀 담당자에게 다시 서류를 찾아보라고 하니, 책상 서랍에서 꾸깃꾸깃 접어놓은 세금계산서가 나왔다. 앗! 그런데 세금계산서가 6개월이 넘은 것이 아닌가? 세금계산서를 수취한 날, 아니 정확하게는 세금계산서를 받은 날로부터 6개월 이내에 인증 절차를 완료하지 않으면 매입세액공제를 받을 수 없다. (다만 현재는 인증 제한 규정이 사라졌다.) 당시 증치세 세율은 17%였고(지금은 13%이다) 장비 가격은 6천만 원이었으니 6천만 원의 17%, 즉 1천만 원가량 되는 돈이 증발한 것이다. 이 금액은 증치세 매입세액공제가 되지 않는 까닭이다. 업무처리를 잘못해서 1천만 원 이상의 손실을 낸 구매팀 담당자는 감봉 혹은 인사고과 반영 대상인데, 어물쩡 넘어갔던 기억이 있다. 당시 사건사고가 많아 윗분들도 알면서 그냥 넘긴 듯하다. 나도 굳이 문제를 삼을 만한 입장이 아닌지라, 재무팀장으로서 품의서에 합의할 때는 업무 늦장으로 1천만 원의 손실이 났다고 적어두었다. 그것으로 업무 품의가 완료되었고 회사는 손실을 본 사례다.

이 장의 주제는 증치세이니 다시 증치세로 돌아가보자. 중국은 한국과 달리 증치세 매입세액공제에 대해서는 환급받기가 거의 불가능하다. 다만 기간 제한 없이 공제는 가능하다. 다만 세금계산서 수취 후 6개월 내에 인증 절차를 완료해야 한다. 앞서 든 사례는 그 세금계산서 인증 절차를 밟지 않은 경우였다. 이 인증 절차가 있다는 것을 어렴풋이 아는 분들은 중국에 매입세액공제 기한이 있는 것으로 오해를 한다. 그러나 다시 강조하면 세무국에 매입세액공제를 인증하는 데에는 6개월의 기한이 있지만, 일단 세무국에서 인증이라는 것을 받고 나면 그 다음은 기간 제한이 없다. 게다가 현재 인증 기한조차 사라졌으니 지금은 어떤 제한도 없다고 보면 된다.

사례 2. 퇴사한 직원 책상 속 4.6억 원어치 세금계산서, 회사는 5천만 원을 잃었다

중국은 출납, 회계로 재무팀의 업무분장이 확실하다. 이해가 가진 않지만 출납 업무만 해온 직원들은 회계 업무 경험이 전혀 없어, 이를 처리하기 어려운 경우가 많다. 심지어 출납 업무를 20년 동안 맡아 온 경우라 해도 그렇다. 그런데 이런 상황에서 한 회사가 비용을 절감하려고 회계 직원이 퇴사한 후 그 업무를 출납 직원에게 맡겼다. 당연하게도 이 직원은 여러 가지 일을 저질렀다. 그중 하나가 세금계산서 관련 사고다. 공급상으로부터 받았던 세금계산서를 책상 여기저기에 처박아둔 것이다. 이 친구가 퇴사한 후 4.6억 원(230만 위안) 가량의 영수증이 발견되었다. 책상에 처박아둔 세금계산서였으므로 당연히 인증 절차는 밟지 않았다. 당시 증치세 세율이 17%였으니, 4.6억에 해당하는 계산서들의 증

> 치세는 6600만 원에 달했다. 그중 1600만 원은 6개월을 넘기지 않아 우리가 세금계산서 인증 처리를 해주었고, 5천만 원가량은 6개월 이전 세금계산서로 인증 기간이 지나버렸다. 즉 매입세액 공제를 받아야 하는 금액을 놓친 것이다. 해당 회사는 고스란히 5천만 원의 손실을 떠안게 되었다.

회계 직원이 갑자기 그만두는 데는 다 이유가 있다. 업무 능력이 미달이더라도 본인 입으로 능력 부족이라고 이야기하지 않는다. 문제가 발생했으나 그 문제를 해결할 능력이 되지 않을 때, 그것을 회사 사장님에게 들키기 일보 직전일 때 퇴사라는 특단의 조치를 내리게 되는 것이다. 결국 능력 부족인 친구를 회계 직원으로 발탁한 덕분에 회사가 5천만 원의 손실을 보게 된 셈이다. 사실 이는 불행 중 다행이라고 볼 수도 있다. 기존 회계 직원이 퇴사하고 8개월 만에 발생한 일이니, 일을 물려받은 직원이 더 오래있었다면 얼마나 더 큰 손실을 입혔을까? 생각만 해도 끔찍하다.

 그러나 이 사례에서 문제가 된 인증 기간 제한은 이후 6개월에서 1년으로 늘어났고, 현재는 기한 자체가 아예 사라졌다. 따라서 앞으로 이런 류의 손실은 발생하지 않을 듯하다. 또한 세금계산서 발행 시스템에서 매입세액공제를 받아야 할 금액이 사전에 표시되고, 납세자가 이를 체크勾选하여 확인하는 절차가 도입되었으니, 이런 일이 생길 가능성은 거의 없어졌다고 봐야 할 것이다.

귀찮다고 보통 세금계산서를 받는
직원 혹은 사장님들

지금에야 많이 상식이 된 사항이다. 한국과 달리 중국은 거래 상대방에 따라 발행하는 세금계산서가 다르다. 처음에는 왜 이렇게 쓸데없이 복잡하게 일을 처리하는지 이해가 가지 않았으나, 이해를 하고 보니 나름 합리적인 관리 방법이다. 아니 중국에선 가장 합리적인 방법이라고 해야 할지도 모른다. 거래 상대방이 증치세 매입세액공제를 받지 못하는 개인사업자이거나 소규모 납세자일 경우에는 무조건 보통 세금계산서普票를 발행해야 한다. 또한 상대방이 일반과세자라면 증치세 전용 세금계산서专票를 발행해야 한다. 상대방이 일반과세자일 경우 보통 세금계산서를 발행해도 되지만, 그렇게 되면 상대방은 증치세 매입세액공제를 받지 못한다. 그렇다고 세금계산서를 발행하는 측에 세금 혜택이 있는 것도 아니다. 그냥 정부에 세금을 쓸데없이 더 내는 꼴이 된다.

다시 정리해본다. 일반과세자인 경우, 원칙적으로 증치세 전용 세금계산서를 수취해야 한다. 단 세 가지 예외가 있다. 즉 일반과세자임에도 증치세 전용 세금계산서를 받지 않고 보통 세금계산서를 받을 수 있는 경우 말이다. 여기에 접대비, 복리후생비 그리고 효율성 측면의 예외가 있을 수 있다. 각각의 항목을 살펴보자.

첫째, 접대비. 한국처럼 중국도 접대비는 증치세 매입세액공제가 되지 않는다.

둘째, 복리후생비. 중국에선 복리후생비도 증치세 매입세액공제가 되지 않는다.

셋째, 효율성 이슈로 세금계산서 발행 주체가 소규모납세자인 경우, 그리고 그 세금공제금액이 교통비보다 적은 경우 매입세액공제가 되지 않는다. 세무당국에서는 소규모납세자의 경우 증치세 매입세액공제가 되는 전용 세금계산서를 임의로 발행하지 못하게 해놓았다. 이들이 세금계산서를 남발하고 잠적하는 일이 생기면 세무 행정에 큰 혼란이 발생하기 때문이다. 따라서 소규모납세자는 세무국에 방문하여 증치세를 직접 납부한 뒤에야, 거래 상대방에게 매입세액공제가 가능한 계산서를 발행해줄 수 있다. 하지만 일반과세자는 그럼에도 불구하고 증치세 전용 세금계산서를 요구해야 한다. 선택은 세금계산서를 발행하는 소규모납세자의 몫이다. 교통비와 인건비를 들여 세무국에 방문해서 세금계산서를 발행하든지, 혹은 그만큼 금액을 깎아 주든지 말이다.

이는 소규모납세자뿐만 아니라 내부 회계 직원들에게도 귀찮은 일이다. 매입세액공제를 받을 수 있는데도 모른다고, 안 된다고 둘러대는 직원들의 편의를 봐주게 되면, 그만큼의 세금 손실은 사장님이 고스란히 떠안게 된다.

연 매출이 120만 위안 이하인 소규모납세자는 증치세가 면제된다?

중국에서는 소규모납세자이면서, 월 매출이 10만 위안 이하라면 증치세가 면제된다. 정확하게는 세무국에 최초로 등록할 때 증치세를 월 기준으로 신고할 것인지, 분기 기준으로 신고할 것인지 결정한다. 이는 사실 당사자 권한이 아니라 담당 세무공무원 권한이다. 어떤 지역의 어떤 세무공무원은 분기 신고로, 또 다른 세무공무원은 월 신고로 등록을 해 준다. 그럼 그것에 따라 월 매출 기준이면 10만 위안(2천만 원)이하일 때 증치세가 면제되고, 분기 매출 기준이면 30만 위안(6천만 원) 이하일 때 증치세가 면제된다.

이를 연간 매출로 환산하면 120만 위안(2.4억 원) 이하일 때 증치세가 면제된다는 이야기다. 한국은 연간 매출이 4800만 원 미만일 때 면세 혜택이 있으므로, 중국의 면세 금액은 국내의 5배를 능가하는 셈이다. 중국은 소기업 사업자 혹은 자영업자를 위한 세금정책들이 적지 않다. 한국과 중국의 소규모납세자 기준을 비교해보면 그 차이가 명확하게 드러난다. 한국의 간이과세자 기준은 연 매출 1억 400만 원 이하인 데 반해, 중국의 간이과세자는 한국보다 약 10배 높은 10억 원(500만 위안)이하를 기준으로 한다.

필자는 현재 세무자문 및 컨설팅 사업을 하고 있으며, 한동안은 면세 혜택을 활용하기도 했다. 다만 대부분의 거래처가 일반과세자라 필자가 증치세 전용 세금계산서를 발행하든 면세로 하든 고객 입장에서는 차이가 없다. 한국의 보통 계약처럼 VAT 별도로 계약을 하기 때문이다. 필자가 매입세액공제가 되지 않는 100만 원의 보통 세금계산서를 발행하든, 매입세액공제가 되는 103만 원의 전용 세금계산서를 발행하든, 고객 입장에서는 회계상으로도 실질적으로도 똑같이 100만 원의 금액을 부담하는 것이기 때문이다.

이런 이유로 필자는 사업 초기부터 월 매출 10만 위안(2천만 원)

미만으로 면세 대상이 될지, 아니면 월 매출 10만 위안 초과로 VAT 과세 대상이 될지를 고민하지 않고 무조건 VAT 매입세액공제가 되는 전용 세금계산서를 발행하여 증치세를 성실하게 납부하기 시작했다. 어차피 매출이 늘면 언젠가는 월 매출 10만 위안(2천만 원)을 넘게 될 테니 말이다. 사업을 운영하며 절세가 되지 않는다면 차라리 세금을 납부하는 것이 유리하다. 중국에서는 사업을 시작하고 1년 혹은 2년이 넘도록 세금을 납부하지 않으면, 별도로 세무조사를 나오기도 한다. 내 회사에 아무런 문제가 없을 경우 세무조사를 충실히 마치면 그만이긴 하다. 다만 세무조사를 받는 것 자체가 부담이고 시간낭비이기 때문에, 가능하면 세무조사를 받을 여지를 만들지 않는 것이 유리하다.

중국 회사가 해외 법인에 컨설팅을 해주면 증치세가 면제된다?

《중국 법인 설립 가이드》에 언급했던 내용 일부를 다시금 소개하려고 한다. 모든 중진국들이 그렇듯 중국도 유럽, 미국과는 달리 로열티 수입보다는 지출이 크다. 그래서 로열티 수입을 늘리기 위한 지원책으로 해외에 노하우를 이전하고 받는 금액에 대해, 즉 해외 서비스 매출에 대해 증치세를 면제해 주는 제도를 운영하고 있다. 다만 이 혜택을 받기 위해서는 세무당국의 승인을 받아야 한다.

필자는 전 직장에서 증치세 면세 승인을 위해 2년이 넘는 프로젝트를 진행한 바 있다. 당시 새로운 유형의 사례를 처음으로 만들고 있었기 때문에, 시간당 비용을 지급하면 천문학적 비용이 나올 터, 일반적인 보수 계약이 아닌 성공보수로 계약을 했다. 결국 2년 만에 해외 서비스 매출에 대한 증치세 면세 승인을 받아냈고, 연간 100억 매출에 대한 일부 VAT 매입세액공제를 제외하고도 5억의 VAT를 절세하게 되었다. 그것도 일시적인 면세가 아닌 매년 5억의 절세를 말이다.

　이 사례를 들은 몇몇 고객들은 필자에게 해외 증치세 면세 업무를 의뢰하기도 했다. 물론 단발성 비용으로 수백만 원의 절세가 가능하다면 기업 입장에서는 해볼만 할 수도 있다. 그러나 성공 확률과 기한을 장담할 수 없는 사안에 용역비 수백만 원에서 1천만 원을 무기한 투입하고 싶지는 않을 것이다. 결국 소규모 기업은 절세 금액 자체가 적기 때문에 시도하지 않게 되고, 규모가 있는 기업은 불확실성이 있는 업무에 내부 품의 과정을 거치는 것 자체가 부담되니 시도를 하지 않게 된다. 이런 이유로 해당 업무를 추가 진행한 사례는 아직까지 없었다. 그렇다면 해외 서비스에 대한 증치세를 면제받기 위해서는 무엇을 챙겨야 하는가? 아래 필요한 서류와 관련 규정을 놓아본다. 우선 세무국에 제출해야 할 서류는 다음과 같다.

1. 컨설팅 서비스 계약서: 해외 고객과 체결한 계약서 사본
2. 서비스 제공 증빙 자료: 컨설팅 보고서, 이메일 교신 내역 등 실제로 서비스를 제공했음을 입증하는 자료
3. 수출 서비스 신고서: 세무당국이 요구하는 형식의 신고서

4. 수익 입금 증빙: 해외에서 받은 대금의 입금 확인서나 은행 거래 내역서
5. 담당 세무공무원이 요구하는 서류

1번부터 4번까지는 너무 간단하니, 실무에서 실제로 어려움을 겪는 것은 5번에 해당하는 담당 세무공무원의 추가 서류일 것이다. 아래는 관련 규정이다.

国家税务总局公告2014年第49号
(국가세무총국 공고 2014년 제49호)

(十)向境外单位提供的下列应税服务, 包含向境外公司提供咨询服务, 可以申请免征增值税, 需提供以下资料:

(10) 해외 단위(기관)에 제공하는 다음과 같은 과세 서비스에는 해외 기업에 제공하는 컨설팅 서비스가 포함되며, 이에 대해 증치세 면세 신청이 가능하다. 면세 신청을 위해서는 다음 자료를 제출해야 한다:

(一)《跨境应税服务免税备案表》(见附件); (二)跨境服务合同原件及复印件; (三)提供本办法第二条第(一)项至第(四)项、第(六)项、以及第(十)项第2目跨境服务, 应提交服务地点在境外的证明材料原件及复印件; (四)提供本办法第二条规定的国际或者港澳台运输服务, 应提交实际发生相关业务的证明材料; (五)向境外单位提供跨境服务, 应提交服务接受方机构所在地在境外的证明材料。

1. 《국경 간 과세 서비스 면세 등록표》
2. 국경 간 서비스 계약 원본 및 사본
3. 본 규정 제2조 제(1)항에서 제(4)항, 제(6)항 및 제(10)항 제2목에 해당하

> 는 국경 간 서비스를 제공할 경우, 서비스 제공 장소가 해외임을 증명하는 원본 및 사본
> 4. 본 규정 제2조에 명시된 국제 운송 서비스나 홍콩·마카오·대만 지역 운송 서비스를 제공할 경우, 관련 업무가 실제로 발생했음을 증명하는 자료
> 5. 해외 단위(기관)에 국경 간 서비스를 제공할 경우, 서비스 수혜자의 기관 소재지가 해외임을 증명하는 자료

관련 사항이 있는 독자 분들이라면 위의 규정을 참고하여, 관할 세무국에 문의 후 절차를 밟아보는 것을 권한다. 필자야 10년 전이라 2년이 넘는 시간이 걸렸지만, 중국 세무국의 업무 효율은 계속해서 좋아지는 추세이므로 지금은 훨씬 빠른 업무 처리가 가능하리라고 본다.

일반과세자로 전환했더니 오히려 더 이익인 회사?

일반과세자와 소규모납세자를 둘러싼 일반적인 오해가 있다. 중국에서 일반 상품 매출에 대한 증치세는 일반과세자의 경우 13%, 소규모납세자의 경우 3%이다. 이때 흔히들 소규모납세자는 증치세를 3%만 납부하므로 무조건 유리하다는 식의 오해를 한다. 그러나 일반과세자와 소규모납세자 사이의 선택은 상황에 따라 유불리가 달라질 수 있다.

사례 1. 해외송금이 필요한 마케팅 회사

A라는 한 마케팅 회사가 있다. 이곳은 한국의 마케팅 회사가 중국에 진출하면서 세운 회사였다. 이 회사는 중국에서 특정 업무만 진행하다가 업무를 확장하게 되었다. 중국 고객사는 마케팅 전략, 온라인 마케팅, 디자인을 의뢰했고 이에 해당하는 모든 비용을 지불했다. 그런데 문제는 A 회사가 디자인 업무를 자체적으로 수행할 역량이 되지 않는다는 것이었다. 따라서 한국에 업무를 의뢰해야 했다. 이 시점 A 회사는 연간 매출이 500만 위안이 되지 않아 소규모납세자 자격을 유지하고 있었는데, 무역이 아니라 서비스 업무라 소규모납세자가 더 유리하기도 했다.

이 회사의 경우 한국에 의뢰비 5억 원을 송금하면, 기업소득세는 면세가 되든 안 되든 한국에서 '외국납부세액공제'를 받을 수 있어 큰 부담은 없었다. 그러나 문제는 증치세다. 증치세는 원래 중국에서 공제해야 하는 금액인데, 한국으로 송금할 경우 어디에서도 공제받을 수 없는 비용이 되어 버린다. 따라서 5억 원을 송금하면 약 2800만 원 가량의 증치세가 발생하며, 이 비용은 그대로 공중으로 사라지게 된다.

당시 A사의 매출 규모는 크지 않아 간이과세를 유지할 수 있었으나, 필자는 해외송금을 위한 절세를 위해 일반과세자로 전환할 것을 권유했다. A사는 일반과세자로 전환한 후, 한국 업체에 5억 원을 송금할 때 2800만 원의 증치세를 공제하고 송금하게 되었다. 이때 중요한 점은, 해당 증치세는 한국 회사의 매출에 대한 세금이므로 한국 회사가 납부해야 한다는 것이다. 결과적으로 한국 회사는 매출자로서 약 2800만 원의 VAT를 납부하고, 매입자인 중국 법인은 약 2800만 원의 VAT를 매입세액으로 공제받는다. 이 상황에서는 증치세로 손해를 보는 회사가 없게 된다. 다만 중국 법인의 입장에서는 VAT 공제를 받을 수 있는 일반과세자가 무조건 유리한 상황이다. 이후 해당 마케팅 회사는 해외송금에 대한 부담 없이 관련 업무를 진행할 수 있었고 지속적인 매출 성장을 이루게 되었다.

사례 2. 해외송금이 필요한 광고회사

B라는 광고회사는 1인 기업으로, 중국 고객을 위해 잡지 사진 등을 촬영하는 회사였다. 1인 회사이다 보니 혼자서 모든 업무를 제공할 수 없어, 한국에서 촬영 등 실질적인 업무를 하고 중국 법인이 업무를 지원해주는 경우였다. 그런데 중국 고객은 타국의 업체와 소통하는 것이 까다로우니 중국에 있는 회사를 통해 모든 업무를 처리하고 싶어 했다. 중국 법인을 운영 중인 한국인 사장님은 한국에 송금을 하고 싶어 했고, 중국 법인의 대리기장 회사에 물어보니 담당 직원은 해외송금 업무를 한 적이 없어서 한국에 송금하는 것이 어렵다고 했다고 한다. 한국인 사장님은 필자와 미팅을 했고, 필자는 실질 업무가 있으면 당연히 해외송금이 가능하다는 답변을 드렸다. 그동안 한국 시장님은 개인환전을 통해서 불법으로 주먹구구식 업무를 하고 있었다. 즉 그 사장님이 운영하는 중국 법인이 중국 고객에게 계산서를 발행해주고 비용을 받은 뒤, 그 회사 돈을 개인이 가불받아 환전한 후, 한국의 거래처에게 송금하는 방식으로 일을 처리했던 것이다. 중국 법인의 이익이 증가할 뿐더러 불법 환전에 해당하는 구조였다. 회사는

> 표면상으로만 이익이 늘어나 기업소득세를 더 많이 내야 하는 상황이었다.

필자는 이 회사에도 역시 소규모납세자에서 일반과세자로 전환할 것을 제안했다. B사는 제안을 수용하여, 사례 1의 회사처럼 해외송금도 세무국의 승인 하에 정상적으로 하고, 증치세 공제도 받게 되었다. 송금 내역이 정당하게 비용으로 인정되니 기존에 불필요하게 부과되었던 기업소득세를 더 이상 납부할 필요가 없어졌다. 이후 중국 법인과 합병이 이루어지면서 필자와의 업무는 종료되었지만, 대표가 개념을 충분히 이해하게 되었으니 앞으로도 문제 없이 사업을 이어나갈 수 있으리라 본다.

다시 정리하면 이 사례에서 필자의 솔루션은 세 가지 문제를 해결했다. 첫째, 불법 송금을 정상 송금으로 바꾼 것. 둘째, 해외송금을 비용으로 인정받아 비정상적으로 늘어난 이익을 감소시키고 늘어난 기업소득세를 되돌려 놓은 것. 그리고 마지막으로 소규모납세자에서 일반과세자로 전환함으로써 6%에 해당하는 증치세를 환급받은 것이다.

> **사례 3. 마진폭이 작은 수입판매회사**
> 수입해서 물건을 파는 무역회사 C는 연간 매출이 500만 위안을 넘지 않아 소규모납세자로 신고를 하고 사업을 시작했다. 이 회사는 사업 초기에 마진폭이 꽤 좋았다. 60위안에 물건을 사다가 100위안에 판매를 했다. 그렇다면 이 경우 마진을 한번 계산해보

도록 하자.

수입할 때는 관세 2%, 증치세 13%가 부과된다. 그러면 원가는 관세와 증치세를 더한 69.15위안이 된다. 그리고 이 회사는 소규모납세자에 해당하므로 판매 시 3%의 세금을 뗀다. 따라서 판매가 100위안에서 69.15위안(원가)을 제하고, 여기서 또 2.91위안(VAT 3%)을 제하면 27.94위안이 남아 마진이 꽤 괜찮은 사업이된다.

그러나 경쟁이 심해지자 취급하는 상품들이 늘어났고, 평균 마진율이 점차 하락했다. 예를 들어, 이제는 80위안에 구입해서 100위안에 판매하는 구조가 되었다. 관세와 증치세는 각 2%, 13%로 동일하니, 마진율을 다시 계산해보도록 하자. 판매가 100위안에서 92.01위안(원가)을 제하고, 여기서 또 2.91위안(VAT 3%)을 제하니 5.08위안이 남는다.

이 정도면 차라리 일반과세자로 전환하는 것이 유리하지 않을까 싶어 시뮬레이션을 해보았다. 일반과세자의 경우 판매가가 100위안이면 세전 매출액은 88.50위안이다. 그리고 원가는 80위안에 2% 관세를 더해 81.6위안이 된다. 이를 정리하면, VAT를 제외한 마진은 88.5위안에서 81.6위안(원가)을 제하여 6.9위안이 나온다. 즉 개당 마진이 5.08위안에서 6.9위안으로 약 35.8% 증가하는 셈이다. 당연히 일반과세자로 전환하는 것이 유리하다. 물론 이것이 절대적인 결론은 아니다. 마진폭이 클수록 소규모납세자가 유리하고, 마진폭이 작을수록 일반과세자가 더 유리하다. 따라서 이는 회사별로 시뮬레이션이 필요한 일이다. 다만 매출 규모가 연간 500만 위안(한화 약 9.3억 원)이 넘는 회사는 자동으로 일반과세자가 된다.

유지보수 vs. 용역서비스 계약, 그게 그거 아냐? 왜 세율이 달라?

유지보수维修费, maintenance는 부품을 사용해 수리하는 것을 의미하며, 용역서비스服务费, Service contract는 부품 없이 인력으로만 수행하는 서비스를 뜻한다. 따라서 유지보수 계약은 부품 비용이 포함되므로 13%의 증치세율이 적용되고, 용역서비스 계약은 인건비만 포함되므로 6%의 증치세율이 적용된다.

H라는 한 중국 법인은 홍콩 본사의 의뢰를 받아 중국 내 고객사들에게 대신 수리 서비스를 제공하는 계약을 체결했다. 그런데 계약서를 유지보수 계약으로 작성하고 말았다. 이 경우 홍콩 본사로부터 받은 금액에 대해 13%의 세금을 납부해야 한다. 문제는 이 계약서가 이미 변호사의 법률 검토와 회사 내 회계 담당자의 확인까지 모두 마친 상태였다는 것이다. 추후 이 회사는 세무 상담을 요청했고, 필자는 유지보수 계약을 서비스 계약으로 바꾸라고 말씀드렸다. 계약서 전반에서 유지보수라는 단어를 다 삭제하고 내용도 서비스에 대한 것으로 변경했다. 결국 13%가 아닌 6%의 매출 증치세를 납부하게 되었다. 단어 하나로 7%의 세금을 절세 한 것이다. 혹은 정확히 말하자면, 불필요하게 7%의 세금을 더 납부하는 오류를 바로잡은 것이다.

추가 사례를 하나 더 이야기해본다. 이는 이전 책인 《중국 법인 설립 가이드》에서도 일부 언급되었던 내용이다. IMAX라는 회사는 누구나 알고 있을 것이다. 당시 필자가 다니던 회사에서 IMAX와 협의할 일이 있었고, 그 과정에서 업무상 미팅을 자주 하게 되었다. 필자는 식사 자리도 함께할 정도로 가까워진 중국인 재무총감CFO과 이야기하던 중, 우연히 IMAX가 계약서를 두 개로 나누면 수억을 절세할 수 있는 건을 계약서 하나로 진행하여 세금을 과하게 납부하고 있다는 사실을 알게 되었다. 이 역시 유지보수 계약서로 인한 문제였다. 필자는 중국인 재무총감에게 유지보수 계약서 하나를 두 개의 계약, 즉 서비스 계약과 부품 판매 계약으로 나누면 일괄 17%(당시 VAT는 13%가 아니라 17%였다)의 증치세를 절감할 수 있다고 말해주었다. 부품 판매는 17%, 서비스는 6%의 세율이 각각 적용되기 때문에, 결과적으로 서비스 부분에 대해서만큼은 11%의 세금을 줄일 수 있는 것이었다. 이 방식대로라면 수억 원 규모의 절세가 가능했다. 필자는 이 내용을 그냥 무료로 알려주었다. 그때 다시 한번 알았다. 외국계 재무팀장들은 영어를 잘하는 사람들이지 재무에 능통한 사람들은 아니라는 것을. 그는 처음에 이해를 못하다가 나중에는 어느 정도 수긍하는 듯했지만, 그럼에도 윗선에 직접 제안을 하지는 않았다. Big4 회계법인에 의뢰해서 그쪽을 통해 제안을 한다나…?

3년 후 그녀를 다시 만나 이야기를 듣게 되었다. 지금 Big4 회계법인에서 시뮬레이션을 하고 있고, 가능하다면 계약서를 두 개로 나누어 절세를 실행할 생각이라고 말이다. 물론 절세가 전부는 아니다. 계약서 하나면 될 일을 계약서 두 개로 만드는 일은 상당히 귀찮은 일임에 분명하다. IMAX 캐나다 본사의 승인도 꽤나 번잡한 일이 될 것이다. 하지만 그 번거로움이 수억 원의 절세보다 못한 일일까? 3년이 지나고 내게 편안하게 이야기하는 것으로 보아, 캐나다 본사는 계약을 하나 더 체결하는 것이 절세 수억보다 더 중요한 일이라고 판단했던 것 같다. 필자가 제안한 바를 3년 전에 바로 실행했다면 10억 원 이상 절세를 할 수 있었을 텐데 아쉬운 마음이 드는 건 필자뿐인가 싶다.

한국과 중국에서 세금계산서와 증치세가 갖는 차이점

여기서는 한국과 중국에서 세금계산서와 증치세가 갖는 차이점에 대해 이야기해 보려고 한다. 앞서 언급한 내용들과 일부 겹칠 수도 있으나, 필자가 만난 고객의 95%는 몰랐던 사항이니 다시 한번 정리해 보고자 한다. 이 배경을 알면 제도의 변화나 흐름도 훨씬 쉽게 이해할 수 있을 것이다.

첫째, 한국과 중국은 부가가치세/증치세 신고 시기가 다르다. 한국은 분기별로 부가가치세를 신고하며, 예정신고와 확정신고로 나뉜다. 반면 중국은 매월 증치세를 신고해야 한다.

둘째, 세금계산서 발행 시스템이 다르다. 한국은 자체적인 시스템을 통해 세금계산서를 직접 발행하는 것이 기본이지만, 중국은 모든 세금계산서를 예외 없이 세무국 시스템을 통해서만 발행해야 한다. 세무국 시스템에 접속하기 위해서는 해당 회사가 정식 사업자라는 것을 증명하는 별도의 공인인증서가 필요하고, 회사별로 세금계산서 발행 기기를 구입해야 한다. 이 기기를 구입한 뒤에는 세무국에 직접 방문하여 회사정보를 입력하고 발행 권한을 신청해야 한다. 이 모든 절차를 완료한 후에야 세금계산서 발행이 가능하다. 그러나 지금은 중국도 대부분 전자세금계산서 방식으로 전환되고 있는 추세다.

셋째, 중국에서는 VAT 불부합(매출·매입 세금계산서 간의 불일치)이 발생할 수 없다. 지금은 대부분 전자세금계산서로 전환되어 불부합이 거의 없겠으나, 기본적으로 한국은 사업자가 자체 시스템 내에서 세금계산서를 발행하기 때문에 불부합이 발생할 가능성이 존재한다. 그러나 중국은 세무국 시스템을 통해 세금계산서를 발행하므로 불부합이 발생할 수 없는 구조다.

넷째, 세금계산서가 다르다. 중국에서는 세금계산서 용지를 사업자가 자체적으로 구입할 수 없고, 세무국에 직접 방문해서 정해진 수량만큼의 용지를 수령해야 한다. 중국의 세금계산서에는 두 가지 제한이 있다. 하나는 금액 제한이고 다른 하나는 수량 제한이다.

먼저 금액 제한부터 살펴보자. 처음 사업을 시작하면 장당 최대 1만 위안 한도의 세금계산서만 발행이 가능하다. 보통 2개월 연속 30만 위안 이상의 세금계산서를 발행한 후에야 장당 최대 10만 위안으로 한도가 상향 조정된다. 그 다음은 한도가 100만 위안으로 올라간다. 100만 위안의 세금계산서 한도를 가진 회사는 매출 규모가 보통 수백억 혹은 천억 이상이라고 보면 된다.

다음은 수량 제한이다. 세금계산서 용지를 처음 신청하면 보통

25장에서 50장 정도만 발급되며, 이를 모두 소진한 후에야 추가 신청이 가능한 구조다. 중국은 지역도 넓고 기업 수도 우리나라 인구 수에 육박하기 때문에 사용자의 편의보다는 세무국 리스크 관리에 더 초점을 두는 구조라고 볼 수 있다. 그럼에도 시스템이 갖추어진다면 수량 및 발행 금액 제한은 점차 완화될 가능성이 있다. 지금은 역시 전자세금계산서로 전환되는 추세이며, 여기에는 수량 제한이 없고 금액 제한만 있다. 전자세금계산서의 경우 금액 제한은 더 엄격하게 관리되고 있으며, 매월 계산서 발행 한도 역시 빅데이터를 기반으로 관리되고 있다.

재무담당자의 실수로 2억의 증치세를 환급받지 못한 사례
(ft. 중국의 증치세 수출 환급 절차와 사례)

어느 날 고객사 사장님의 한 지인으로부터 연락을 받았다. 이분은 수출 환급 업무처리에 문제가 생겨 환급을 받지 못하고 있었다. 대충 그 금액이 어느 정도인지를 물어보니, 무려 2억 원이 넘는 규모였다. 직접 만나 회의를 진행했지만, 사장님은 문제의 원인을 제대로 파악하지 못하고 있는 상황이었다. 답답한 마음에 회사를 방문하여 담당자와 직접 소통했다. 회사의 재무담당자는 "내 잘못이 아니라 대리기장 담당자의 잘못"이라고 했고, 대리기장 담당자는 "우리 잘못이 아니라 세무국 시스템의 문제"라고 변명했다. 그러나 모든 말은 책임 회피에 불과했고, 결론은 하나였다. 수출 환급 신청은 다음 해 4월 15일까지로 마감 기한이 있으나 그

기한을 넘겼던 것이다.

매달 환급 신청 업무를 제때 처리했더라면 문제가 없었을 것이다. 하지만 일을 계속 미루다 보니, 결국 1년을 넘기거나 최소 6개월 이상 처리가 지연된 건들이 있었다. 그 합계가 2억 원이 넘는 상황이었다. 물론 그 과정에 세무국 시스템 업그레이드로 인한 기술적 문제가 일부 있었던 것은 사실이다. 그러나 아무리 시스템에 문제가 있었다고 하더라도, 3~4일이면 끝낼 수 있는 환급 업무를 1년 넘게 처리하지 않았다는 점에는 변명의 여지가 없다.

나중에 알고 보니, 필자가 사장님이라고 생각했던 분은 사실 월급을 받는 법인장님이었다. 한국 본사에서는 중국에서 수출 환급을 받지 못했더라도 이를 재무제표상 비용으로 처리하지 않기 때문에 모르고 그냥 넘어갔던 듯하다. 중국의 증치세는 잘 관리해도 눈에 띄지 않게 사라지는, 말하자면 줄줄 새도 모르는 장점(?)이 있는 세금 항목이 아닐까 싶다. 물론 한국 본사 혹은 사장님 입장이 아니라 중국에서 월급을 받는 법인장님 입장에서 말이다.

그럼 수출 환급은 어떤 절차를 거쳐서 이루어지는가? 먼저 수출은 누구나 할 수 있지만 수출 환급 업무는 자격이 있어야 한다. 절차가 아주 복잡한 것은 아니지만, 세무국의 사전 승인 받은 회사만이 수출 환급 업무를 할 수 있다. 최근에는 세무국의 업무 효율이 좋아지면서 첫 수출 환급을 진행할 때 사전 승인을 동시에 진행한다. 세무국 입장에서는 사전 승인을 받아 놓고도 실제 환급 업무를 진행하지 않는 회사들이 있다 보니, 실제 첫 수출이 발생한 이후에 수출 환급 비안을 받게 하려는 것이다. 처음 수출 환급을 신청할 때는 회사의 현황을 확인하기 위해 담당 세무공무원 2명이 회사를 방문한다. 이들이 대표 혹은 관리자와 미팅을 하고 회사의 현황을 파악하여, 해당 회사가 수출 환급을 할 만한 회사인지 확인한 후 승인을 해준다.

이제 수출 환급 신청 시 필요한 서류를 알아보도록 하자.

수출 환급 신청 시 필요한 서류

- **增值税专用发票** 세금계산서
  세금계산서는 수출 제품의 명칭, 수량 등 모든 정보가 실제와 정확히 일치하도록 작성되어야 한다.

- **出口报关单** 수출 통관신고서
  중국 세관에서 발급한 공식적인 수출 신고 문서다. 신고서의 모든 정보는 실제와 정확히 일치해야 한다. 수출 통관신고서는 변경이 불가능하지만 세금계산서는 사후 변경이 가능하므로, 첫 수출 환급을 진행할 때는 실제 업무순서와 서류순서를 바꾸어 처리하기도 한다. 즉 실제 거래는 매입세금계산서를 받은 후 수출을 하는 식으로 이루어지는데, 서류는 수출 후 매입세금계산서를 발급받는 순서로 작성한다. 간단한 팁인데 이를 모르면 헤매는 상황이 발생할 수도 있다. 첫 번째 환급이니 담당자의 경험이 적은 데다가 수출필증과 매입세금계산서가 토씨 하나 틀리지 않아야 하기 때문이다. 중소기업의 절반은 첫 환급에서 헤매는 것 같다.

- **出口合同** 수출 계약서
  수출 상대방(해외 바이어)과 체결한 계약서를 말한다. 금액, 제품명, 수량 등의 정보가 세금계산서, 통관신고서와 일치해야 한다. 이 또한 위의 설명과 동일하다. 계약을 하고 통관을 진행하는 것이 원래 절차이지만 실무에서는 통관 후 계약서를 작성하거나 수정하기도 한다.

- **收汇证明** 외화결제 증명
  해외에서 수령한 외화 대금의 입금을 증명하는 서류다. 은행에서 발급한 외환 수취 기록 结汇水单 또는 송금 확인서가 이에 해당된다. 과거와 달리 지금은 사후 제출도 가능하다. 즉 과거에는 입금이 완료되어야 수출 환급을 신청할 수 있었지만 지금은 수출 환급을 신청하고 다음해 4월 15일까지만 자금을 수령하면 된다.

- **提单 B/L, 운송서류**
  수출품의 운송에 사용된 선하증권 Bill of Lading 또는 항공·육상 운송서류를 말한다.

- **退税申请表 퇴세 신청서**
  세무국에서 요구하는 표준 신청 양식으로, 정확히 작성해야 한다.

아래는 수출 환급 신청 절차이다.

수출 환급 신청 절차

1. **서류 준비**
   위에 나열된 모든 서류를 완비하고 수출 시점부터 발생한 모든 세부 내역을 확인한다.
2. **전자 신고**
   중국의 국가세무총국 国家税务总局 온라인 시스템에 접속하여 신청서를 제출한다.
3. **서류 검토 및 심사**
   세무당국이 제출된 서류를 검토하고 심사한다.
4. **환급금 지급**
   신청이 승인되면 환급금이 회사의 계좌로 송금된다. 서류만 문제가 없다면 지금은 3~5일 안에 입금이 완료된다.

중국은 상품 판매를 하지 않으면 매입세액공제를 해주지 않는다?

중국에 처음 왔을 때, 한국과 같은 듯 다른 증치세 제도에 감을 잡기 어려웠다. 분명 개념은 비슷한데 왜 다를까? 차이점이야 관련 규정을 찾아보거나 실무 사례를 통해 익히면 되지만, 그 차이의 본질을 알아차리는 데에는 꽤 오랜 시간이 걸렸다. 둔한 나는 10년이 훌쩍 지나서야 그 본질적인 차이를 깨닫게 되었다.

"중국은 제품 혹은 상품 판매를 하지 않으면 매입세액공제를 해주지 않는다." 이것을 조금 다르게 표현하자면, "중국은 상품 판매를 한 다음에야 구입한 물품에 대한 매입세액을 공제해준다." 이 원칙 하나만 이해한다면, 중국의 증치세 제도에 대한 대부분의 의문이 해결될 것이다.

한국의 경우, 물건을 구입한 즉시 매입세액을 공제받을 수 있다. 즉 물건 값 자체가 매입세액을 제외한 금액이라는 뜻이다. 하지만 중국은 그렇지 않다. 중국은 물건을 구입하고 판매해야 구입한 물건에 대한 매입세액을 공제해준다. 그렇다면 중국은 한 건 한 건 물건을 판매한 것에 대해 VAT 매입세액을 공제해준다는 것인가? 그렇지는 않다. 다만 기업 청산을 하거나, 마케팅 프로모션 차원에서 상품을 무료로 제공하거나, 직원들에게 무상으로 물품을 제공하는 경우, 해당 금액에 대해서는 매입세액을 공제해주지 않는다. 위와 같은 상황에서 VAT 매입세액공제를 이미 받았다면 그 돈을 세무국에 도로 뱉어내야 한다는 뜻이다. 한국에도 간주매출이라는 개념이 있지만,

중국은 이보다 더 광범위하게 '실제 매출이 발생해야만 VAT 매입세액공제를 해준다'고 이해하는 것이 적절하다. 이런 구조 때문에 한국과 달리 중국에서는 증치세에 대한 공제는 가능하지만 환급이 허용되지 않는다. 최근 환급을 해주는 추세로 바뀌고 있긴 하나, 제도가 안정적으로 정착하기까지는 시간이 더 필요할 것으로 보인다.

아래 내용을 참고하면 '판매를 해야 매입세액공제를 해준다'는 말의 의미를 정확하게 알게 될 것이다. 아래 나열한 항목들은 증치세 매입세액공제가 되지 않는 경우들이다. 혹은 증치세 매입세액공제를 이미 받았다면 공제받은 금액을 세무국에 다시 뱉어내야 하는 경우들(증치세 전출)이다.

1. 물건을 판매하지 않고 폐기처분하는 경우
2. 1+1 고객 프로모션 등으로 하나를 팔고 하나를 무료로 제공하는 경우('아' 다르고 '어' 다르다고, 상품 가격을 각각 절반으로 낮추는 것은 괜찮지만 하나를 무료로 주는 것은 안 된다.)
3. 구입한 재고를 고객 선물로 제공하는 경우
4. 구입한 재고를 마케팅 행사 상품 등으로 활용하는 경우
5. 구입한 물품을 직원들이 사용하는 경우
6. 기업 청산 시 재고가 남아 있는 경우

공통점이 보이지 않는가? 공통점은 상품을 무료로 제공한다기보다는 돈을 받고 팔지 않는다는 것이다.

경험담 4

식품을 만들어 팔까? 사다 팔까?
간단한 조리 추가로 증치세 11%를 절감한 사례

필자가 전에 근무했던 회사의 사례다. 이 회사는 극장을 운영하는 법인이었다. '극장'하면 생각나는 팝콘을 비롯해 다양한 식품을 판매했다. 초기에는 매출 규모가 크지 않아 소규모납세자였고, 3%의 세금만 내면 됐다. 따라서 당시에는 식품을 직접 제조하든 단순 유통이든 세무상 큰 차이를 두지 않고 사업을 운영할 수 있었다. 그러나 매출 규모가 커지면서 소규모납세자에서 일반과세자로 전환될 시점이 다가왔다. 일반과세자가 되면 당시 기준으로 17%의 증치세를 부담해야 했다. 문제는 해당 사업은 원가율이 높지 않아, 즉 상품 이익률이 높아 매입세액공제를 받을 수 있는 금액도 크지 않다는 점이었다.

이에 관련 부서들이 모여 절세 방법을 논의했고, 한 가지 아이디어가 떠올랐다. 그동안 회사는 식품 유통만 했으며, 식품 제조업 허가는 받지 않았다. 이것은 당연한 선택이었다. 식품 제조업 허가는 절차가 까다롭고, 설계 단계부터 시공까지 고려해야 할 사항들이 많기 때문이었다. 하지만 식품 제조업의 증치세율은 6%로, 식품 유통업의 17%에 비해 훨씬 낮았다. 두 세율 간의 차이는 무려 11%였다. 11%의 절세 효과가 식품 제조업 허가를 받는 번거로움을 상쇄할 수 있을지 계산해보았다.

잠시 덧붙여 중국의 무역 규정을 설명하자면, 식품 유통의 경우 매입한 상품 A를 그대로 판매해야 한다. A를 가져와 가공해 A' 또는 AB로 만들어 판매하면, 이는 식품 유통이 아니라 식품 제조에 해당한다. 당시 회사는 엄밀히 말해 허가 없이 식품 제조를 하고 있었지만 관행적으로 넘어갔던 것이다.

절세 효과가 크고 법적으로도 안전해질 수 있다는 판단 아래, 설계팀과 공정팀은 적극적으로 협조했다. 추가 공사비가 들긴 했지만, 연간 절세 금액과 비교하면 충분히 합리적인 투자였다. 특히 구조 변경은 한번 돈을 쓰면 지속적으로 부가가치를 창출할 수 있다는 장점이 있었다. 이를 통해 극장 한 곳당 연간 3천만 원에서 5천만 원의 절세 효과를 기대할 수 있었고, 전국적으로 100개 극장을 운영한다면 매년 30억 원에서 50억 원의 절세 효과를 보는 셈이었다.

결국 회사는 유통 허가를 제조 허가로 전환하며 11%의 증치세를 절감할 수 있었다. 이 사례가 주는 교훈은 간단하다. 절세 방안은 단순한 아이디어에서 나오는 것이 아니라 거래 구조 자체를 바꾸는 데서 나올 수 있다는 점이다. 이와 유사한 상황이라면 항상 거래 구조와 투자 구조를 점검하여 절세 가능성을 살펴보기를 추천한다. 참고로 다른 경쟁사들이 모두 특정 방식을 따른다고 해서 그것만이 정답인 것은 아니다. 비용 절감을 끊임없이 고민하다 보면, 보다 창의적이고 효과적인 방법을 발견할 수 있을 것이다.

CHAPTER 04

절세와 벌금 사례로 이해하는 기업소득세

영수증을 모아 세금을 줄일 수 있다는 세무사와 회계 직원?

오해가 생길지 모르니 다시 강조해야겠다. 이 책은 대기업처럼 관리가 잘 되는 회사를 위한 책이 아니다. 1인 기업 혹은 중소기업을 위한 책이다. 필자는 중국에서 9년간 다니던 중견기업과 대기업을 퇴사하고 개인 사업을 시작했다. 업종은 세무 컨설팅이었고, 초기에는 법인이라 하더라도 10명 내외의 소기업이 주 고객이었다. 추후에는 중견기업과 대기업 상장사의 업무도 진행했지만 말이다. 아무튼 대기업을 나와서 만났던 사장님들로부터 숱하게 들었으나 가장 이해가 가지 않는 말이 바로 위의 제목으로 쓰인 문장이었다.

대리기장 회사들은 회사 사장님들에게 영수증을 모아오라고 한단다. 그러면 사장님들은 세금을 줄이기 위해 여기저기서 영수증을 모아다가 대리기장 회사들에게 가져다 준다. 시작부터 세무에 대한 개념이 단단히 잘못된 것이다. 그 비용이 회사에서 사용한 비용인지, 최소한 회사에서 사용할 만한 비용인지 확인이 되지 않았음에도 일단 영수증은 영수증이니 그냥 비용처리를 한다. 이런 정황이 있다는 것을 아는 필자는 사장님들을 처음 만나면 이 말씀부터 드린다. 영수증을 챙겨주신다고 해서 100% 비용 인정이 되지는 않는다고 말이다. 한 사장님은 열심히 식당 영수증을 모아서 주시기도 했다. 그러나 접대비는 매출의 0.5% 한도로만 비용 인정이 되기 때문에, 해당 한도를 넘는 영수증들은 세금 쪽에서 보면 일절 도움이 되지 않는다. 그러므로 더 이상 가져다 주실 필요가 없다고 말씀을 드린다. 다만 한 가지 도움되는 경우가 있다. 투자자이면서 법인을 운영하는 분이라면 회사에서 돈을 가져오는 방법에는 급여, 비용정산 그리고 배당이 있다. 급여와 배당은 급여소득세나 배당소득세라는 세금을 납부해야 한다. 그러나 비용정산의 경우 세금이 들지 않는다. 세무상 비용으로 인정이 되든 되지 않든 말이다. 이때는 회사 비용이라는 가정 하에 모든 영수증을 챙겨 비용정산을 하는 것이 개인에게 유리하다.

 다시 결론을 말하자면, 회사와 관련된 비용으로 쓴 영수증(세금계산서)을 평소에 잘 챙겨두었다가 월 결산 혹은 분기 결산 때 비용으로 처리하면 기업소득세는 면할 수 있다. 그런네 여기서 개인소득세, 증치세, 기업소득세를 구분하지 않는 개인사업자들은 흔히 증치세도 줄어드는 줄 안다. 사업을 하려면 그냥 퉁쳐서 '세금'이라고 생각하지 말고 개인소득세, 증치세, 기업소득세 세 가지 정도는 구분하는 것이 좋다. 그리고 사회보험은 세금이 아니며, 개인부담은 개인이 납부하고 회사부담은 회사가 납부한다는 내용 정도는 알아두어야 한다.

중국의 기업소득세율 25%는
소규모 사업자의 경우에도 동일한가?

중국의 기업소득세는 한국의 누진세율와 달리 단일세율 25%이며, 한국과 같은 주민세는 없다. 그런데 여기에도 예외가 있다. 간단하게 요약하면 기업소득세의 '소형'에 해당하는 조건을 만족하고, 이익이 300만 위안 미만이라면 기업소득세율은 5%이다.

여기서 소형 기업이란 자산 규모가 5천만 위안(한화 약 95억 원) 미만이며, 직원 수가 300명 미만인 기업을 말한다. 이 두 가지 요건을 모두 충족하면 기업소득세의 측면에서 '소형(소규모)'으로 인정받을 수 있다는 뜻이다. 참고로 증치세에서 '소규모납세자'의 기준과 기업소득세에서 '소형 기업'의 기준은 다르니 이 점에는 착오가 없어야 한다.

직원 급여를 더 주고 개인소득세를 더 납부했더니
전체 세금이 줄어든 사례

이 사례는 앞서 언급한 2절 '소형 저이윤 기업'의 기업소득세 규정과 관련이 있다. 실제 사례를 설명해 보자면 이렇다. 11월 결산이 끝난 뒤, 12월 결산 예상치를 예측해 보니 이익이 320만 위안(6억 4천만 원)으로 예상되는 고객이 있었다. 그렇다면 이 고객은 320만 위안에 25%의 세율을 적용하여 80만 위안(1억 6천만 원)의 기업소득세를 납부해야 한다.

문제는 이 고객의 경우 이익이 300만 위안 이상이기 때문에 안타깝게도 5%의 기업소득세율이 아니라 25%의 세율이 적용된다는 점이었다. 이에 필자는 이익을 줄이는 방법을 고민하며, 비합리적이고 위험할 가능성이 있는 일부 선택지를 배제했다. 이에 따라 세무국에서 문제 삼지 않을 가능성이 높은 인센티브 방식을 검토하게 되었다.

마침 이 회사에는 투자자 겸 대표 그리고 외국인 두 명이 근무하고 있었다. 대표 본인을 포함하여 회사의 구성원 세 사람에게 각각 10만 위안의 인센티브를 지급한다고 가정하면, 기업소득세는 80만 위안이 아니라 5%의 세율이 적용된 14만 5천 위안이 된다. 이 경우 회사가 부담해야 할 세금의 총액은 다음과 같다.

- 10만 위안의 인센티브 지급 시 세율 10%와 속산 공제 210 위안 적용
  → 개인소득세: 1만 위안에서 210위안을 공제한 9790위안
- 이를 세 명에게 지급할 시 9,790 × 3 = 29,370 위안

그렇다면 절세 금액은 다음과 같다:

- 800,000 − 145,000 − 29,370 = 625,630 위안

결과적으로 이 고객은 기업소득세를 납부하는 대신 인센티브를 지

급하여 절세 효과를 보게 된다. 회사가 납부한 14만 5천 위안의 기업소득세 이외에 인센티브에 대한 개인소득세는 개인이 납부하는 것이지만, 투자자 입장에서 본다면 이 또한 세금 비용으로 간주될 수 있다. 그래서 이를 고려하여 세 명분의 개인소득세를 비용에 포함하더라도 62만 5630위안, 즉 약 1억 2천만 원의 절세 효과를 보게 된다. 두 명의 직원에게 준 인센티브 20만 위안(한화 약 4천만 원)까지 비용으로 감안한다고 하더라도, 최소 8천만 원의 회사 비용이 절감되는 것이다.

이와 같은 사례는 매우 흔하다. 다만, 이익 규모가 수십억 원에 달한다면 이런 방식은 현실적으로 어려울 수 있다. 하지만 이익이 한화로 약 5억~8억 원 사이일 때는 고려할 만한 방법이다.

이익이 많이 늘어 직원 복지로 절세를 시도했지만, 세금이 줄어들지 않았던 사례

이익에 대해 세금을 내느니 차라리 직원들의 급여나 복리후생에 돈을 쓰겠다는 분들이 있다. 물론 단순히 세금이 아깝다기보다는 이익을 직원들과 나눈다는 의미가 더 클 것이다. 그러나 이 방식이 한국에서는 가능할지 몰라도, 중국에서는 성공을 보장할 수 없다.

항상 아예 모르는 사람보다 어설프게 아는 사람들이 실수를 많이 한다. 이 사례에서도 한 사장님은 한국의 경험을 바탕으로 복리후생비를 집행했으나, 중국의 세법을 제대로 이해하지 못한 탓에 문제가 생겼다. 이 회사는 직원들과 함께 여행을 다녀오고, 직원들에게 선물을 지급했다고 한다. 급여를 인상하면 다음 해 회사가 부담해야 할 사회보험 금액이 증가할까 봐 일회성 비용으로 처리한 것이다. 이때 인센티브도 함께 지급했는데 인센티브 자체는 문제가 없었다. 문제는 직원 선물과 직원 여행비에서 발생했다.

먼저 중국에서 직원 선물은 회계상으로는 복리후생비로 처리될 수 있어도, 세법상 직원 급여로 간주된다. 심지어 2~3만 원에 불과한 추석 월병조차 직원 급여로 분류되는 상황에서, 수십만 원 상당의 선물이 급여로 처리되는 것은 당연한 일이다. 문제는 이 과정에서 선물을 받은 직원들이 개인소득세를 추가로 부담해야 했다는 점이다. 즉 실질적으로는 급여가 오르지 않았지만, 선물로 인해 급여에서 세금이 추가로 공제되면서 체감 급여가 줄어드는 상황이 발생한 것이다. 이에 회사는 직원들의 불만을 고려해 개인소득세를 추가로 부담하기로 했다.

직원 여행경비는 복리후생비로 처리될 수 있지만 중국은 복리후생비에 더욱 엄격한 기준을 적용한다. 무슨 말인가 하니, 한국과 달리 중국에서는 복리후생비에도 한도가 있다. 즉 연간 총 급여항목의 14%를 초과하는 복리후생비는 세법상 비용으로 인정되지 않는 것이다. 이 회사의 경우, 이미 복리후생비가 급여의 14%를 초과한 상황이었다. 결국 직원 여행경비는 단 한 푼도 회사 비용으로 인정되지 않았고, 비용은 비용대로 지출하면서 세금 역시 고스란히 납부해야 했다.

미리 알았다면 복리후생비를 집행하는 대신 인센티브를 적용해서 25%가 아닌 3%의 세금만 납부하여 22%의 세금을 절세할 수 있었겠지만, 이미 지나간 일은 어쩔 수 없는 법이다.

이익이 나지 않아도 중국에 세금을 납부해야 한다?

외국인들의 경우 한국과 달리 개인사업자로 신고할 수 없고 반드시 법인을 설립해야 한다. 그러나 법인을 설립하지 말아야 할 분들까지 법인을 세우는 경우가 있어, 야반도주와 같은 사례가 종종 발생하기도 한다. 물론 당사자가 가장 힘들겠지만 그 여파는 회사의 회계 담당자, 공상국 공무원, 담당 세무공무원에게까지 미친다. 이들 모두가 함께 고생할 수밖에 없는 구조인 것이다.

무역에 종사하는 분들은 상대적으로 세무 이해도가 높은 편이니, 식당 등 오프라인 자영업을 기준으로 설명해본다. 자영업자분들이 공통적으로 하는 말이 있다. 사업을 해도 이익이 없는데 왜 세금을 납부해야 하는지 모르겠다는 것이다. 이 질문에 대한 답변은 다음 세 단계로 정리할 수 있다.

첫째, 이익이 없을 경우 소득세를 납부하지 않는 것은 맞다. 즉 순이익이 없다면 기업소득세는 면제된다. 하지만 이 분들은 소득세 외에도 다른 세금이 존재한다는 점을 간과하고 있다.

둘째, 그래서 세금의 종류를 구분해야 한다. 사업 운영 중 발생하는 세금은 크게 다음과 같이 나뉜다. 소득이 발생하여 내는 기업소득세, 거래가 발생하여 내는 증치세, 직원들이 내야 할 세금이지만 직원들 급여를 줄 때 정부 대신 떼어 놓았다가 회사가 대신 납부하는 사회보험, 그리고 공적금과 개인소득세다.

셋째, 계약이 있다면 인화세와 같은 세금도 발생할 수 있다. 이건 한국에도 인지세라는 항목이 있으니 조금은 이해하기 쉬울 것이다.

이 정도는 한국에서 사업하는 사람들도 아는 수준인데 해외에서 사업하는 사람들이 설마 이런 것을 모르겠냐고 의아한 생각이 들 수도 있다. 중국 사업을 하는 분들이 세무에 대한 이해도가 낮은 데에는 다음과 같은 몇 가지 이유가 있다. 우선 한국에서는 자영업만 하던 분들이 중국에 법인을 설립한 경우가 많다. 게다가 이런 분들 중 일부는 출납 담당자를 통해 대리기장에게 업무를 맡겨 자세한 내막을 모르기도 한다. 외국어라 소통이 되지 않으니 애초에 알아볼 생각을 하지 않는 분들도 있다.

한국의 법인세와 다른 중국의 기업소득세

한국에서는 기본적으로 연 1회 기업소득세를 납부한다. 납부의무자의 편의를 위한 중간예납 제도를 포함하면 연 2회 납부한다고 볼 수도 있다. 반면 중국에서는 분기별로 손익현황을 포함한 재무제표를 세무국에 제출함과 동시에 기업소득세 신고 및 납부를 진행한다. 세무조정 항목이 있다면 이를 반영한 후 추가로 기업소득세를 납부해야 한다. 중국의 기업소득세 납부 시기를 정리하면 아래와 같다.

- 1사분기 결산(1~3월): 4월 15일까지 신고 및 납부
- 2사분기 결산(4~6월): 7월 15일까지 신고 및 납부
- 3사분기 결산(7~9월): 10월 15일까지 신고 및 납부
- 4사분기 결산(10~12월): 다음 해 1월 15일까지 신고 및 납부
- 세무조정: 다음 해 5월 31일까지 신고 및 납부

중국에서는 이렇게 최대 연 5회에 걸쳐 기업소득세를 납부한다. 물론, 세무조정 사항이 없다면 5월 31일에는 신고만 하면 되고 추가 납부는 하지 않는다. 참고로 중간에 공휴일이 있는 경우 세무신고 및 납부 마감일은 자동으로 연장된다. 특히 3사분기는 중국의 국경절(10월 초)이 겹치면서 마감일이 가장 많이 연장되는 시기다. 국경절로 인해 최소 7일간의 휴무가 주어지므로, 3사분기 결산은 보통 10월 22일~25일경으로 연장된다고 보면 된다.

중국에서는 한국처럼 연 기준이 아니라 분기별로 기업소득세를 납부하니, 종종 재미있는 일이 생기곤 한다. 예를 들어 섬유업처럼 계절성이 뚜렷한 업종의 사업자라면, 가을·겨울에 이익이 많고, 봄·여름에 이익이 적을 수 있다. 이에 따라 1사분기에는 4억의 이익, 2사분기 2억의 손실, 3사분기 4억의 손실, 4사분기 2억의 이익이 났다고 가정해보자. 그럼 연도 전체의 측면에서는 이익이 없는 셈이다. 즉 연간으로 따지면 기업소득세를 납부하지 않아도 된다. 그러나 중국은 기업소득세를 매 분기에 납부해야 한다. 그럼 1사분기에 4억의 25%에 해당하는 1억의 세금을 이미 납부하고, 4사분

기 결산이 끝난 뒤에야 연간 이익이 0이라는 사실을 알게 된다. 문제는 이렇게 미리 납부한 세금이 반드시 환급되는 것은 아니라는 점이다. 세무국에 환급 신청을 할 수는 있지만 일부 지역 세무국은 자금이 부족하다는 이유로 바로 돌려주지 않고, 추후 여유가 생기면 그때 가져가라는 식의 대응을 하기도 한다.

이런 일을 방지하기 위해 실무상의 팁이 필요할 것이다. 예를 들어 연간 비용을 미리 예측해서 1사분기 혹은 2사분기에 과한 이익이 났다면 예정원가 처리를 검토하는 방법이 있다. 물론 나름의 근거는 있어야 한다. 그리고 연말에 그 예정원가를 다시 환원시키면, 위와 같이 연간 이익이 없는데 세금을 납부해버리는 사태는 막을 수 있다. 다만 최근에는 그해 납부한 기업소득세를 환급해주는 분위기로 점점 변하고 있으니 업무에 참고하기를 바란다.

다음으로 중국의 이월결손금에 대해 알아보도록 하자. 한국에서는 이월결손금을 10년에서 최대 15년까지 이월하여 공제할 수 있다. 이는 즉 전년도 혹은 그 이전 연도에 손실이 발생했고 올해 이익이 발생했다면, 그 손실만큼 올해 세금을 납부하지 않을 수 있는 제도다. 물론 무제한으로 결손금을 보전해주는 것은 아니고 10년 내지는 15년의 제한이 있다. 이 기간이 중국은 5년이다. 예를 들어 2020년 1억, 2021년 2억, 2022년 3억, 2023년 4억, 2024년 5억의 손실이 났다면 총 누적 손실은 15억이다. 그리고 2025년에 16억의 이익이 발생했다면 과거 5년간 누적 손실 15억까지는 기업소득세를 납부할 필요가 없다.

이와 관련된 사례를 하나 소개해본다. 한 기업은 2014년부터 매년 약 1억 위안씩 적자를 내던 중, 2019년에 이익이 발생했다. 필자는 그 회사의 회계 담당자가 사장님과 나누던 대화를 듣게 되었다.

> **회계 담당자:** 사장님, 우리가 2014년부터 2018년까지 매년 1억 위안씩 적자를 냈고, 지금이 2019년입니다. 2014년 적자를 공제받으려면(이월결손금 공제를 활용하려면) 올해 이익이 1억 위안 이상 나야 합니다. 그렇지 않으면 2014년 적자분은 소멸됩니다.
>
> **사장님:** 그래! 알았어. 그럼 이익을 1억 위안 정도로 맞추자.

대화 속 이 기업은 그간 흑자를 적자로 위장해왔다. 하지만 더 이상 적자를 지속할 필요가 없음을 인지한 뒤 흑자로 전환한 것이다. 이는 과거 세금을 적게 내기 위해 영수증을 구해오던 사장님들이 생각나는 대목이다. 기업소득세의 하이라이트인 세무조정에 대해서는 뒤에서 별도로 다룰 예정이니, 여기에서는 이 정도로만 정리하도록 하겠다.

대기업은 2년 넘게 고전했던 상표 로열티, 중소기업은 어떻게 한 달 만에 완료했을까?

예전에 필자가 근무하던 회사에서 있었던 일이다. 이 회사는 한국에 지주사를 둔 중국 법인이었다. 중국으로부터 상표 로열티를 수취하는 건으로 내부 변호사, 전략팀장, 필자, 지주사 담당자가 미팅을 진행했다. 브랜드 등록은 한국 지주사 명의로 되어 있었기 때문에 그 상표권에 대한 로열티를 수취하려면 지주사와 중국 법인 간의 상표사용허여계약을 진행해야 했다. 문제는 지주사에서 중국 증손자 회사와 직접 계약을 체결할 수는 없었기 때문에, 계약이 지주사 → 한국 계열사 → 홍콩 자회사 → 중국 자회사 순으로 단계적으로 이루어져야 했다는 것이다. 여기에는 따로 법률적 이유가 있다기보다는 중국 법인의 모회사가 홍콩 법인이고, 홍콩 법인의 모회사가 한국의 상장사이고, 한국 상장사의 최대 주주가 지주사인 구조 때문이었다.

당시 한 건의 비안을 받는 데에만 6개월이 소요된다고 했으니, 세 번의 계약을 진행하려면 그것만 18개월이 걸릴 수 있다는 계산이 나왔다. 당시 계약서 작성은 외부 용역 업체에 맡겼으나 대기업에는 체계가 필요한 바, 내부 결재와 품의 절차까지 거쳐야 했다. 그렇게 6개월이 흘렀지만 아무런 변화가 없었다. 이런 식으로 회의만 반복하며 2년이 흐르고 나니 상표 로열티를 추진했던 분이 지주사에서 타 계열사로 인사 이동을 갔다는 소식이 들렸다. 그 이후로는 업무 진행이 되지 않아 프로젝트가 흐지부지 끝나고 말았다. 그로부터 10년이 지난 지금은 상표 로열티를 받고 있는지 궁금해서 확인해보니, 현재까지도 로열티는 수취하지 않고 있다고 한다.

퇴사 후 필자는 재무 아웃소싱 업체를 운영하게 되었는데, 어느 날 한 고객사로부터 상표 로열티를 이용해 한국에서 자금을 수취하고 싶다는 문의가 들어왔다. 필자는 전 직장에서 2년간 회의만 하다 실질적인 진행을 하지 못한 사례를 알고 있었기에 상표사용허여계약과 해외송금 업무를 동시에 진행하는 것이 어떻겠냐는 제안을 드렸다. 고객사에서는 동의를 했고, 상표사용허여계약과 송금 업무를 동시에 진행했다. 2년이 걸려도 못한 일을 한 달 만에 완료했다고 해서 무조건 후자의 능력이 월등하다고 볼 일은 아니다. 그럼에도 '2년 동안 업무를 처리하지 못했던 회사'와 '한 달 만에 업무를 완료하고 송금한 회사'가 있다면 그 차이는 어디에서 비롯된 것일까?

중국에서는 100% 완벽한 계획을 세울 수 없다. 그럼에도 대기업은 여전히 완벽한 계획이 세워져야만 움직인다. 반면 중소기업은 일단 방향만 정해지면 상황 변화에 맞춰 속도감 있게 업무를 진행할 수 있다. 대기업 커피 프랜차이즈를 비롯한 외식 브랜드가 중국 시장에서 실패하는 이유 역시, 대기업에서 한 업무에 2년 동안 매달렸으나 업무 추진이 되지 않은 이유와 유사하지 않을까 생각해본다. 이 사례를 통해서는, 속도감 있게 일을 추진해야 한다면 완벽한 계획보다 50%의 계획과 즉각적인 실행이 오히려 업무 진척에 더 효과적일 수 있다는 점을 참고하면 되겠다.

세무조사 대응 전략

세무조사는 이와 관련된 이야기만 해도 책 한 권이 나올 만큼 깊고 복잡한 주제다. 짧은 분량으로 다루기 어려운 주제지만 그럼에도 세무 관련 경험을 다루는 책이니 세무조사 이야기가 빠질 수는 없을 터, 최근 동향과 필자의 경험을 일부 공유해 본다.

중국 세무조사 3개년(2021년 ~ 2024년) 현황

중국 세무당국은 최근 탈세 행위에 대한 단속을 대대적으로 강화하고 있다. 세무국, 공안, 세관, 인민은행 등 8개 부서가 협력하여 허위 세금계산서 발급, 허위 무역 수출, 순환 수출 등을 통한 수출세 환급금 편취 사건을 조사하는 한편, 부유층의 해외투자 소득에 대한 과세도 강화하고 있다.

실제로 2021년에는 중국의 인플루언서 '왕홍'을 상대로 거액의 탈세 현황을 적발했다. 당국은 왕홍 쉐리에게 개인소득세 118억, 린산산에게 50억, 웨이아에게 2500억 원을 추징했다. 2023년에 한 회사의 사장은 직원들의 급여를 개인 계좌로 입금하여, 개인소득세 탈세 혐의로 14억 원의 벌금이 부과되었다. 2024년에는 한 왕홍이 탈세 혐의로 1.6억 원의 세금 추징을 당했으며, 한 주유소는 칩을 변조하여 판매 수입을 축소함으로써 9.5억 원의 세금이 추징되었다. 또한 2024년에는 지금까지 단 한번도 조사하지 않았던 외국인 면세에 대해서도 첫 세무조사가 실시되었다. 이를 통해 알 수 있는 사항은 다음과 같다.

첫째, 세무국 지역 통합에 이어 타 부서와도 시스템 연동이 되어 있다. 다시 말해 세관, 세무국, 은행, 공안 등의 부서가 연합하여 탈세를 잡고 있다. 앞의 4장 7절에서 '상표 로열티 해외송금'을 진행한 회사의 사례를 보면 그 연동 구조가 더욱 분명해진다. 이 회사는 상표 로열티를 송금하고 한 달이 지나 해관(세관)으로부터 연락을 받았다. 해당 회사에서 수입한 물품에 대한 관세가 과소 납부되지 않았는지 소명하라는 요구였다. 이 회사는 한국 법인으로부터 수입도 하고, 그 법인에 상표 로열티도 지급하고 있었다. 즉 같은 회사로부터 수입도 하고 상표 로열티도 지급한다면 상표 로열티에 대해서도 관세를 납부해야 한다는 이야기였다.

여기서 필자가 놀랐던 점은 수입관세조사를 나온 상황 자체가 아니라, 상표 로열티를 지급한지 한 달 만에 그 사실을 어떻게 알고 조사를 나왔냐는 것이었다. 결과적으로 벌금 없이 마무리되긴 했지만 중국 정부 부처간 시스템이 연동되어 있다는 점을 실감한 사례였다.

둘째, 세무국 시스템의 지속적인 업그레이드로 세무조사가 더 정교해졌다. 필자가 맡은 업체들이 2023~2024년 사이에 받은 세무조사가 직전 8년보다 더 많았다. 그런데 근래 세무조사들은 과거처럼 무작위로 나오던 정기조사가 아니라 문제되는 사항을 집중적으로 조사하는 원포인트 세무조사가 대부분이었다. 이는 세무당국이 빅데이터와 시스템을 활용해 세무당국의 기업의 데이터를 정밀 분석하고 있다는 방증이다.

셋째, 외투법인에서는 거의 찾아볼 수 없지만 중국 내에서 자주 발생하는 탈세 유형 중 하나는, 개인소득세와 사회보험을 줄일 목적으로 급여를 비용 정산하여 지급하는 것이다. 예를 들어 급여가 400만 원이면 300만 원은 급여로 지급하고 100만 원은 개인이 영수증을 가져와서 처리하는 식이다. 또 다른 방법으로는 소기업의 사장이 비자금을 마련하여, 비공식적으로 직원에게 직접 급여를 지급하는 방법이 있다. 이렇게 하면 비용 인정이 되지 않는데 무슨 실익이 있는지 의문이 들지도 모르겠다만, 사장 입장에선 사회보험의 약 50%를 절약할 수 있다는 유혹이 큰 것 같다. 하지만 요즘은 세무국과 은행 시스템이 연동되어 있고, 빅데이터 분석을 통해 이러한 탈세를 더욱 손쉽게 적발하고 있으니 유의해야 한다.

사업이나 생활도 그렇지만 세무조사에도 하수, 중수, 고수의 전략이 있다. 하수는 세무조사를 받고 세금을 납부한다. 중수는 세무조사에 잘 대응해 최초 부과된 세금보다 적게 납부한다. 고수는 세무조사의 여지를 애초에 만들지 않는다. 필자가 권하는 것은 일명 고수 전략이다. 모든 시스템은 일단 연동되어 있다고 보아야 한다. 또한 AI와 빅데이터가 발달한 중국이니, 상식적이지 않거나 튀는 숫자가 있는지 사전에 꼼꼼하게 확인해야 한다.

또 다른 사례 하나를 소개해보겠다. 언젠가 우리 고객사의 수출입 업무를 처리해주는 회사, 일명 '진출구회사'에서 연락이 왔다. 진출구회사가 토로한 문제는 고객사의 수출 단가 변동 폭이 너무 크다는 것이었다. 이렇게 되면 중국 세무당국이 조사를 나올 우려가 있고 따라서 수출 업무를 진행할 수 없는 상황인데, 그 고객과 소통이 되지 않으니 필자더러 고객사의 한국 사장님과 대신 소통해 달라는 얘기였다.

필자는 사장님을 만나서 다음과 같이 설명했다. 사장님은 중국 현지에서 수출입 권한이 없으니, 수출 허가를 받은 수출입회사(진출구회사)를 통해서 거래를 하고 계신다. 중국의 세무국에서 현금으로 환급해주는 항목은 VAT 수출 환급이 유일하다. 따라서 이들은 수출 환급을 매우 엄격하게 관리하고 있다. 수출한 회사가 지속적으로 적자를 보는 경우, 적정 이윤이 확보되지 않거나 수출 단가가 이유 없이 급변하는 경우에는 세무조사의 대상이 될 수 있다. 이런 상황에서는 세무조사가 수출을 진행한 수출입회사에만 국한되지 않고 사장님에게까지 확대될 것이다. 그리고 조사 과정에서 수출 단가를 조정한 정황이 확인되거나 거래 자체가 비정상적인 것으로 판단되면 수출 환급이 거부됨은 물론 이전가격 거래에 대한 의심도 받을 수 있다.

필자에게 도움을 청한 수출입회사가 수출 업무를 거절한 이유는 단순히 귀찮아서가 아니라 문제가 있는 거래라고 판단했기 때문이다. 이런 이유로 수출 단가를 급격하게 조정하는 것은 매우 위험하다. 다행히 이 사장님은 수출 단가를 조정했고, 결과적으로 문제 없이 넘어갔다. 정리하자면 세무조사 대응 전략은 단 한 가지, 상식적이면 된다는 것이다. 이는 즉 대부분의 세무조사가 상식적이지 않아서 이루어진다는 뜻이기도 하다.

경험담 5

세수가 부족하다고 세무조사를 나온 동북 지역 세무공무원과의 협상 사례

시간이 조금 흐른 일이라 디테일한 것들은 가물가물하다. 필자가 예전에 근무했던 회사는 정부 인허가가 필요한 업종이라 각 도시별로 분공사(지사)를 설립할 수 없고 매번 별도의 법인을 설립해야 했다. 당시 이 회사에는 50여 개 지점과 30여 개 법인이 있었고, 법인이 많다 보니 분기마다 세무조사가 나오는 것이 일상이었다. 사정이 이러하니 웬만한 세무조사는 겁나지 않던 때였는데, 어느 날 동북 랴오닝성의 한 도시 세무국에서 세무조사관 4명이 나왔다는 소식을 들었다. 해당 도시는 세무 담당자뿐만 아니라 합자회사의 재무총감CFO이 직접 근무하는 곳이었기에, 처음엔 알아서 잘 하겠거니 하며 신경을 쓰지 않았다. 그러나 시간이 지나며 상황이 이상해지고 있었다. 벌금 예상액이 무려 50만 위안으로 한화로는 1억 원에 달했고, 더 큰 문제는 이중 5천만 원 규모의 벌금이 전체 지점에 공통으로 적용되는 항목이었다는 점이다. 곧 지점이 100개로 늘어날 텐데 그렇다면 50억의 세금이 발생할 수도 있는 상황이었다.

    현지에 있는 필자의 회사 측 지인들을 통해 먼저 현황 파악을 했다. 확인해보니, 세무조사는 정기조사가 맞긴 한데 특별한 위법 사항이 있어서 왔다기 보다는, 해당 지역에 세수가 부족해서 나온 것이었다. 이에 따라 우리는 미리 논리적인 대응 방안을 준비했고, 우리가 세운 논리가 세무조사관에게 제대로 전달될지 당시 거래하던 회계법인과 확인도 했다. 미리 담당 과장에게 설명을 해서 이해는 시켜놓은 후, 담당 세무조사관들과 네 차례 미팅을 했다. 일단은 모든 사안에 대해 대응을 했으나 양보가 없는 팽팽한 기류가 이어졌다. 사실 우리는 50여 개 계열사 전체로

번질 문제를 제외하고는 양보할 의사가 있었다. 당시 세무국이 문제 삼았던 핵심 사안은 다음과 같다.

필자의 회사는 극장 티켓을 판매하고 수익을 얻는 구조로, 사업 초기에는 배급사가 지정한 최저 단가보다 저렴하게 티켓을 판매한 적도 있었다. 보통 저렴하게 판매하는 것 자체는 문제가 없는데 배급사가 정해놓은 최저가보다 저렴한 것이 문제였다. 이 때문에 배급사가 정한 최저가와 우리가 판매한 단가 차액에 대한 증치세도 추가로 납부해야 하고, 그 차액은 접대비로 처리해야 한다는 것이 세무조사관의 논리였다. 왜냐하면 배급사에서는 티켓이 얼마나 더 저렴하든 배급수익을 배급사에서 정한 최저가로 수취하기 때문에, 세무국 또한 동일한 기준으로 세금을 걷어야만 한다는 것이다.

필자 측은 다음과 같은 논리로 맞섰다. 상품이 팔리지 않으면 저렴하게라도 판매를 해야 한다. 저가 판매가 안 된다고 하면 회사의 고정비조차 보전하지 못하니 당국에서도 저가 판매를 인정해주는 것 아닌가? 동일한 논리로 극장 티켓도 정상 범위 내에서는 저가 판매를 할 수 있고 증치세는 당연히 판매 금액을 기준으로 납부해야 한다. 서로 논리 다툼을 했지만 결론이 나지 않았다. 4일 후 담당 세무공무원과 다시 만났을 때 필자는 비장의 카드를 꺼냈다. 동건은 필자와 우리 재무팀 담당자가 사전 검토해서 진행한 건이라 잘못되면 잘린다고 말한 것이다. 어차피 물러나게 될 거라면 불복하고 끝까지 갈 수밖에 없음을 강압적이지 않은 방식으로 부드럽게, 하지만 의지는 담아서 이야기했다. 참고로 공무원들이 가장 겁내는 것이 본인들의 KPI 실적이다. 그리고 지금까지의 소통을 통해 '이 친구들이 세무 개념이 없는 사람들은 아니구나' 라는 것은 이미 파악했을 테다. 세무조사관 입장에서는 벌금을 부과하고 그대로 끝나는 게 가장 좋은 시나리오다. 그러나 우리가 불복을 하고 그것이 받아

들여진다면 반대로 조사관들에게는 매우 곤란한 상황이 된다. 결국 일주일 후 이 사안은 더 이상 문제 삼지 않기로 최종 결정되었고, 해당 법인의 단독 문제에 대해서만 20만 위안 정도의 벌금을 내는 것으로 마무리했다.

당시 필자는 꽤나 마음을 졸였다. 보통 세무조사를 나와도 해당 업무를 담당한 실무자에게는 지나친 책임을 묻지 않도록 조사관들이 일종의 배려를 해주는 관행이 있다. 그건 중국 세무조사관들도 마찬가지였다. 인지상정은 어디서나 통한다. 그리고 '내가 잘리면 된다'라는 말은, 필자가 가장 마지막에 꺼내는 카드다. 정말 최후의 수단으로만 활용했고, 운이 좋게도 아직까지는 통하지 않은 적이 없었다.

CHAPTER 05

절세와 벌금 사례로 이해하는 원천징수/ 해외송금

세무 개념 중 가장 어려운 것을 꼽으라면 단연 '원천징수'일 것이다. 처음에는 설명하기 힘들었지만 수백 번 설명을 하다 보니 이젠 나름 노하우가 생기기도 했다. 물론 비전공자에게 전문용어를 쓰는 실수는 여전히 범하고 있지만 말이다. 원천징수 중 특히 어려운 부분은 해외송금과 관련된 원천징수다. 국제조세에 대한 이해가 필요하고, 규정과 실무가 어긋나는 부분도 적지 않기 때문이다. 게다가 중국 담당자들의 특성상 잘 모르는 경우에도 그냥 '안 된다'고 해 버리니, 한국의 담당자 혹은 중국 현지 법인장 입장에서는 가장 다루기 어려운 부분이기도 하다. 이러한 이유로 따로 떼어서 정리를 해본다.

> **중국에서의 해외송금은 왜 이리 오래 걸릴까?**
> **일부러 늦장을 부리나?**

중국에 있는 중국 회사와 거래를 해본 사

람이라면 대부분 경험하는 일이 있다. "송금한다고 한 지가 언제인데 아직도 송금이 안 됐다고?" 이럴 때면 정말 복장이 터지는 심정이 된다. 중국 측에 확인할 때는 "송금했어?"라고 묻는 식으로 확인해서는 안 된다. 이 질문에 대한 대답은 늘 한결같이 "응, 금방 송금해"이기 때문이다. 이 금방이 일주일이 될 수도, 6개월이 될 수도 있다. 아무튼 이때 무역 거래는 그나마 사정이 낫다. 무역은 통관서류, 계약서, 인보이스만 있으면 설사 관련 지식이 전무하여 헤매더라도 송금이 가능하기 때문이다. 문제가 되는 것은 대부분 서비스 해외송금에 해당하는 비무역 거래다. 이것이 왜 어려운지 설명하기 위해 먼저 업무 프로세스를 정리해본다.

1. 계약 & 용역 서비스 제공(디자인, 출장 용역업무 등)
2. 세무국 비안(신고 등록)
3. 계약후 30일 이내 세무국 시스템 등록(계약서 스캔, 용역제공 장소·은행정보·주소·금액 등의 정보 기입)
4. 세무국 담당자 미팅(계약 내용 이해)
5. 세율 확정(한국과 달리 중국은 회사에 세율확인 권한이 없고, 오직 세무국에만 권한이 있다.)
6. 기업소득세 면세일 경우 추가 면세 증명
7. 세금 납부 비안(해외송금을 위한 세무국 비안)
8. 세금 납부
9. 은행 송금(계약서, 인보이스, 세금완납증명서 필요)

이 업무들의 모든 프로세스가 과거에는 담당 세무공무원을 통해서 이루어졌다면 지금은 세무국 시스템을 통해서 이루어진다. 그래서 과거와 같은 늦장 대응이 불가하다. 이러한 시스템의 개선으로 과거 대비 업무가 2배 이상 빨라졌다.

송금이 되고 있는지 구체적인 현황이 궁금하다면, 현재 위의 8가지 과정 중 어느 구간에 있는지를 확인해야 한다. 예를 들어 거래처가 2번 세무국 비안, 즉 세무국 시스템에 신고 등록을 했다고 하면 스캔으로 해당 내용을 공유해달라고 해야 한다. 만약 4번 세율 확정 프로세스에 있다면 확정된 세율이 얼마인지 공유해달라고 하고, 7번 세금 납부 프로세스에 있다면 완납증명서를 달라는 식으로 대응해야 한다. 사실 중국에서 대부분의 업무 확인은 이렇게 해야 한다. 업무가 뭔가 늦어지고 있다면 제대로 확인을 하지 않은 사람 잘못이다. 이는 물론 필자의 얘기이기도 하다. 필자도 종종 이걸 확인하지 않아 담당 직원들의 늦장 대응을 피할 수 없다. 이 모든 프로세스가 시스템으로 구현된다면 지금과 같은 문제는 사라질 것이고 시스템 구축은 현재 진행 중이다. 중국 세무 현황은 쉬지 않고 개선되고 있다. 더딘 듯하나 안을 들여다 보면 매일 조금씩 나아지고 있다.

덧붙여, 종종 5만 달러 이하의 송금이면 세금을 안 내도 된다고 오해하는 분들이 있다. 하지만 그것은 사실이 아니다. 세금을 내기 전 선송금이 가능할 뿐이다. 이에 따라 선송금 처리하고 세금은 추후 납부하는 방법이 있으니 참고하기를 바란다. 다만 아직 세금이 얼마인지도 모르는데 어떻게 미리 송금을 하냐는 질문이 있을 수 있다. 옳은 지적이다. 따라서 아직은 세무국 등록 전 선송금이 어려운 현실이다.

해외에 송금할 때 납부하라는 세금은 뭐가 그리 많은 거야?

해외송금 중에서도 비무역대금에 한정해서 설명해보겠다. 무역대금은 그냥 송금만 하면 되기 때문에 따로 설명이 필요 없다. 비무역대금을 해외로 송금한다는 것은, 매출자가 중국 외의 외국에 설립된 법인(예를 들면 한국 법인)이라는 뜻이다. 이 경우 매출자는 중국의 고객(법인 또는 개인)과 거래해서 수익을 얻은 것이므로, 중국 내에서 두 가지 세금을 내야 한다. 하나는 증치세, 또 하나는 기업소득세이다. 증치세는 거래가 중국에서 발생했으니 일종의 거래세라고 보면 되고, 기업소득세는 중국에서 돈을 벌었으니 소득에 대한 세금을 내라는 것으로 이해하면 된다.

먼저 증치세에 대해 설명해보도록 하겠다. 중국에서는 용역 또는 서비스 제공에 대해 6%의 증치세를 부과한다. 외국 법인에 대해서도 동일하게 6% 세율이 적용되며, 6%를 원천징수한 다음 해외송금을 해야 한다. 즉 중국의 매입자가 해당 세액 6%를 원천징수해 납부하고 나머지 금액만 외국 법인에 송금하는 것이다. 참고로 이 세금은 납부는 중국에서 하지만, 매출자인 외국 법인을 대신해서 납부하는 것뿐이고, 매입자인 중국 법인은 당연히 매입세액 공제를 받을 수 있다. 단, 매입세액 공제는 매입자인 중국 법인이 일반과세자일 경우에 해당된다.

다음으로 기업소득세는 거래가 아니라 이익이 발생했을 때 납부하는 세금이다. 세금의 세계에서 가장 유명한 문구대로, "소득 있는 곳에 세금이 있다." 단순히 거래가 발생했다고 세금이 생기는 게 아니라, 그 거래를 통해 소득이 발생했을 때 과세 대상이 된다는 말이다. 이 개념과 함께, 소득이 발생한 지역, 즉 소득의 원천지에 세금을 낸다는 원칙이 있다. 이를 흔히 "소득의 원천이 어디냐?"라고 표현하는데, 그 지역의 인프라를 활용해서 돈을 벌었으니 해당 지역에 세금을 낸다는 원칙이라고 보면 된다. 이는 소득의 원천이 중국이면 중국에 기업소득세를 납부하고, 소득의 원천이 한국이면 중국에 세금을 납부할 필요가 없다는 뜻이기도 하다. 참고로 기업소득세는 지방세가 아닌 국세이다.

그렇다면 실제 업무가 어디에서 수행되었는지를 살펴볼 필요가 있다. 일반적으로 대부분의 업무는 중국에 직접 와야 업무처리가 가능할 터이나, 디자인 업무처럼 중국에 직접 오지 않아도 수행할 수 있는 것들이 있다. 이런 경우에는 중국의 세무국도 쉽게 이해하며 딴지를 걸지 않는다. 하지만 그 외 다른 업무가 중국 경외에서 발생한 경우에는 소득의 원천이 중국이 아니라는 것을 우리가 증명해야 한다. 계약에 참여한 인력들이 계약기간 중 단 한 번도 중국에 입국하지 않았다는 출입국 사실 증명서, 그리고 해당 업무가 실제로 한국에서 수행되었다는 것을 입증할 수 있는 자료를 제출해야 하는데, 첫 번째는 쉽지만 두 번째가 어렵다.

실제 사례로 한국의 한 법인이 중국 측에 게임 해설 서비스를 제공하고, 그 대가로 약 5억 원 규모의 용역대금을 수령한 케이스를 보자. 중국 세무당국은 거래금액이 5억 원이니, 기업소득세 10%를 적용해 약 5천만 원에 해당하는 세금을 원천징수하겠다는 입장이었다. 해당 한국 회사는 시간이 걸려도 좋으니 기업소득세를 면제받고자

했다. 일반적으로 해외 기업이 중국에 기업소득세를 원천징수로 납부하면, 한국에서는 법인세를 신고·납부할 때 외국납부세액공제 제도를 통해 이중과세를 방지할 수 있다. 중국에서 이미 납부한 세금만큼은 한국 법인세에서 공제받을 수 있는 것이다. 그런데 당시 한국 법인이 적자 상태였기 때문에, 중국에서 세금을 납부한다 해도 한국에서 공제할 세액 자체가 없는 상황이었다. 중국 세무국과 소통하고 자료를 제출하느라 두어 달이 걸렸고, 나중에는 해당 직원들의 근무 영상(2시간 정도 되는 용량 4기가짜리) 촬영본과 중국과 주고받은 이메일 등을 세무국에 제출하기까지 했다. 결국 성공해서 5천만 원의 기업소득세를 납부하지 않고 면세를 받았다. 재미있는 사실은, 나중에 알고보니 담당자는 우리가 제출한 4기가짜리 영상을 보지도 않았다는 것이다. 하지만 그 영상을 제출하지 않았다면 면세를 해주었을까 싶다. 이는 형식적인 자료라도 무엇이든 철저히 준비하는 것이 세무 실무에서 얼마나 중요한지를 잘 보여주는 사례라고 볼 수 있다.

동일한 서비스 계약인데, 중국 업체마다 납부 세금이 다른 이유?

동일한 서비스 계약이라면 동일한 세율이 적용되는 것이 원칙이다. 먼저 증치세는 고정세율 6%이므로 상황에 따라 달라질 수 없다. 업체마다 세금이 다르다고 하면 기업소득세를 이야기하는 것이다. 기업소득세는 동일 계약에 다른 세율이 적용될 수 있다. 그 이유는 크게 두 가지이다. 첫째, 담당 세무공무원이 다르다. 둘째, 거래 상대방이 다르다.

먼저 담당 세무공무원이 달라서 발생하는 차이를 설명해본다. 과거에는 동일한 상황에서도 담당 세무공무원의 업무이해도나 해석 차이 때문에 세금 적용이 달라지는 경우가 부지기수였다. '중국에서는 되는 것도 없고 안 되는 것도 없다'는 말에 세무국이 일조한 측면도 있다. 그러나 최근 세무국의 시스템화가 상당히 진전되었고 지금도 계속 개선되고 있으므로, 앞으로는 담당자별로 세금 적용이 달라지는 일은 줄어들 것으로 기대된다. 하지만 아직까지는 여전히 발생하고 있는 일이니 유의할 필요가 있다.

다음으로 거래 상대방이 제3자인가, 관계사인가에 따라 세무처리 방식이 다를 수 있다. 우리에겐 잘 알려져있지 않지만, 해외송금 시 세율을 확정할 때 세무국 내부에는 기준이 있다. 내부 기준 중 하나가 확정 마진율인데, 세무국은 다음과 같은 방식으로 마진율을 판단한다.

- 비관계사이며 일반 용역일 경우: 마진율 20%
- 관계사일 경우: 마진율 30%
- 단순 용역이 아니라 관리 개념의 서비스일 경우: 마진율 40%

이 마진율에 중국의 기업소득세율 25%를 곱하면 원천징수해야 할 기업소득세율이 나온다. 즉 일반적으로 5~10% 사이의 원천징수세율이 적용된다.

중국의 기업소득세에 대해서 덧붙이자면, 조만간 중국도 한국처럼 기업들이 각자의 기업소득세율을 확정하는 방식으로 움직일 테니 조금만 더 기다리면 변화된 세무환경을 경험할 수 있을 듯하다.

계약서 문구 하나 잘못 썼을 뿐인데
2천만 원의 손해를 본 사례

해외송금 시 원천징수하는 세금은 증치세와 기업소득세이다. 이제는 귀에 익었을 것이다. 이중 기업소득세는 중국에서 납부한 경우 한중 이중과세방지조약에 따라 한국에서 법인세를 납부할 때 외국납부세액공제를 받을 수 있다.

증치세의 경우, 중국 법인과 거래한 한국 법인은 매출자, 중국 법인은 매입자이다. 이때는 일반적으로 매출자가 증치세를 납부하고 매입자가 매입세액공제를 받는다. 그런데 계약서에 '증치세를 중국 법인이 납부한다'고 되어 있으면, 세금을 본인이 내고 본인이 환급받는 이상한 상황이 된다. 이 경우 일부 지역 세무국에서는 매입세액공제를 불허하는 사례가 있다. 즉 계약 내용에 따라 세금처리에 문제가 생길 수 있는 것이다.

따라서 해외 비무역계약을 체결할 때는, 증치세를 중국 법인이 아니라 한국 법인이 납부하는 것으로 계약서에 명시해야 한다는 것을 기억하고 주의하자. 만약 중국 법인과 한국 법인이 같은 그룹이라면 한 쪽이 내고 한 쪽이 공제받으므로 실질적인 세금 손실은 없으니, 이 경우에는 굳이 증치세에 신경쓰지 않아도 된다. 단, 중국 법인인 매입자가 일반과세자가 아니라 소규모납세자일 경우에는 매입세액공제를 받지 못하니 이 점은 주의해야 한다.

실제로 이런 사례가 있었다. 한국의 한 영상 제작 법인과 중국의 법인이 영상 서비스 계약을 체결했다. 해당 중국 법인은 자국의 고객사로부터 영상 제작 의뢰를 받았는데, 그 영상은 한국에서 촬영해야 했기 때문에 전체 업무 패키지의 일부를 한국 영상 업체에 외주로 맡겼다. 계약 금액은 3억 3천만 원이었다. 그런데 한국 업체는 세금 계산이 복잡하다는 이유로, '우리는 중국 세금을 모르니 그냥 계약금액에 3억 3천만 원을 적고, 그 금액 그대로 3억 3천만 원을 송금해달라'고 요구했다. 이 요구에 따라 계약금액은 3억 3천만 원으로 명시했고, 세금이 발생하면 중국 법인이 납부하는 것으로 계약서를 작성했다. 또한 중국에 방문하지 않고 한국에서 촬영 및 제작이 이루어졌기 때문에, 즉 업무가 한국에서 진행되어 소득의 원천이 중국이 아니었기 때문에 중국에서의 기업소득세는 면세받았다.

그러나 문제는 증치세였다. 중국 법인은 한국 업체가 요구한 3억 3천만 원을 온전히 지급하기 위해 증치세 6%에 해당하는 1980만 원의 VAT를 별도로 납부한 후 3억 3천만 원을 송금했다. 그런데 이후 납부한 증치세에 대한 매입세액공제를 신청하자, 담당 세무공무원으로부터 증치세 환급 불가 통보를 받았다.

왜일까? 세무공무원의 판단은 다음과 같았다. 증치세는 매출자가 매출 VAT를 납부하고, 매입자가 그에 대한 매입 VAT를 환급받는 구조다. 하지만 이 계약은 매출자인 한국 법인이 VAT를 납부한 것이 아니고, 매입자인 중국 법인이 직접 VAT를 납부했으니 매입세액공제가 되지 않는 사례에 해당하는 것이다. 결국 중국 법인은 약 2천만 원에 해당하는 VAT 공제를 받지 못했다. 3억 5천만 원으로 계약을 하고 "VAT 포함"이라고 기재했으면 되는 것을, 단 한 글자 차이로 2천만 원의 손해를 본 셈이다.

배당 시 한국에서 실질적으로 수령 가능한 금액은?

중국에서 한국으로 송금할 때 가장 긴 시간이 소요되는 것 중 하나가 배당금이다. 사실 이렇게 오래 걸릴 이유가 없는데도 오래 걸린다. 10년 전 필자가 처음 배당 송금을 진행했을 때는 무려 7개월이 소요되었다. 사후에 확인해보니 이유는 단순했다. 관련자 모두에게 해당 업무가 처음이었기 때문이다. 우리 쪽 담당자도, 세무공무원과 은행담당자도 배당 송금을 처음 해보는 상황이었다. 그러니 필요한 서류를 준비하고 서류를 검토하고 승인받는 데 오랜 시간이 걸릴 수밖에 없었다. 지금은 그때보다는 많이 빨라졌으나 그래도 여전히 기본적으로 2~3개월은 소요된다.

이렇게 오랜 시간이 걸리는 이유 중 하나는 한중 조세조약에 따른 원천세 감면 신청 절차 때문이다. 한국 법인이 중국 법인의 지분을 25% 이상 보유하고 있는 경우, 배당에 대한 원천징수세율은 10%이지만, 조세조약에 따라 5%로 감면 신청이 가능하다. 그런데 이 감면 신청의 심사와 승인에만 2주 이상이 소요되기 때문에 전체 절차가 지연되는 것이다.

이제 배당을 진행할 때 세전 이익으로부터 한국에서 실질적으로 수취 가능한 금액이 어떻게 계산되는지 살펴보자. 예를 들어 세전 이익이 100만 위안이었다고 가정해보자. 우선 중국 법인은 기업소득세 25%를 납부해야 하므로, 25만 위안을 세금으로 내야 한다. 따라서 세후 이익은 75만 위안이 된다. 이 금액에 배당을 결의하면 세후 이익의 10%에 해당하는 법정적립금을 적립해야 한다. 따라서 7만 5천 위안을 적립하게 되고, 실제로 배당 가능한 금액은 67만 5천 위안이 된다. 여기에 대해 다시 배당에 대한 원천징수세를 납부해야 하는데, 원칙적으로 10%이지만 한국 법인이 중국 법인의 지분을 25% 보유하고 있을 경우, 한중 조세조약에 따라 50% 감면신청이 가능하므로 5%만 납부한다. 이 감면 세율(5%)을 적용하면 원천세는 3만 3750위안이 된다. 이에 따라 결과적으로 한국 본사에 도착하는 금액은 64만 1250위안이다.

경험담 6

올해 세수 목표를 달성했다고 이번 달 세금을 다음 달에 내라는 상해 세무공무원

처음 다녔던 회사 담당 직원으로부터 세금 납부를 미루겠다는 말을 들었을 땐, 정말 당황스러웠다. "뭐라고? 이번 달에 납부할 세금을 지금이 아니라 다음 달에 납부하라고? 늦게 납부했다고 나중에 벌금이라도 맞으면 어떡할 건데?" 당시 중국 직원들은 "흔한 일인데 뭐 그런 걸로 걱정하고 그래?" 하는 표정들이었다.

알고 보니 세금 납부를 미루는 것은 세무국의 요청 때문이었다. 결국 세무국과 좋은 관계를 유지하고, 마침 다른 부탁할 일도 있었기에 그 요청을 받아들였다. 그 해에 납부할 세금을 다음 해에 납부한 것이다. 그런데 정작 세금 납부를 미뤄야 했던 이유가 무엇인지에 대해서는 제대로 아는 직원이 없었다. 나중에 회계법인, 세무국과 소통할 기회가 있을 때마다 관련 건으로 대화를 해본 후에야 다음과 같은 사정이 있음을 알게 되었다.

중국의 각 지역 세무국에는 고유의 KPI, 즉 세수 목표가 있다. 그런데 상해 세무국은 예전부터 항상 목표를 초과 달성해왔기 때문에 다른 지역에 비해 1~2개월치의 세수 여유가 있다고 한다. 그리고 이들은 이 여유 수준을 유지하기 위해 해당 연도에 납부할 세금을 일부러 다음 해로 이월시키는 것이다. 물론 모든 지역이 그런 것은 아니며, 상해처럼 여유 있는 지역만 이런 조정이 가능하다. 동북 지역 같은 곳은 세금이 항상 부족해서 이런 일이 생기는 경우가 거의 없다.

언젠가 한 고객사의 세무담당공무원이 필자의 고객사가 세금 집중 관리 대상이라고 말한 적이 있었다. 처음에는 안 좋은 상황인가 싶었지만 꼭 그렇지도 않았다. 내막을 알아보니 좋을 것도 없고 안 좋을 것도 없는 일이었다. 다만 귀찮은 잡무가 생기기는 했다. 매 분기마다 납부할 예상 세액을 별도로 작성해 제출해야 한다는 것이었다. 일거리가 하나 늘어난 셈이다. 왜 갑자기 그러한 조치가 취해진 것인지 정확하게는 모르겠으나 상위 5~10% 규모 안에 들어가는 기업은 집중관리대상이 되는 듯하다.

그리고 2024년 동일한 케이스를 다시 만나게 되었다. 이익이 적지 않아 납부할 기업소득세가 상당했던 한 기업에 대해, 3사분기에 기업소득세를 납부하지 말고 기다리라는 요청이 들어온 것이다. 몇 년 만에 다시 겪는 일이었다. 통보를 받고 그렇다면 세금을 언제 납부해야 하는지를 물었더니 별도의 통지를 주겠다는 답이 돌아왔다. 필자는 과거에 했던 질문을 또 했다. "늦게 납부하면 문제가 생기는 것 아닌가요? 위험성은 없나요?" 세무공무원은 문제 없다면서 서류 하나를 건넸다. '세금 납부지연신청서'였다. 과거에는 세금 신고 자체를 적게 하고 납부도 적게 하는 방식이었다면, 지금은 세금 신고는 정상적으로 하되 납부만 지연시키는 구조로 한결 세련되어진 것이다. 기업이 먼저 원하지는 않았다 해도, 어쨌든 마치 기업 쪽에서 세금 납부지연을 신청하고 세무국에서 이를 승인한 모양새를 띠게 되었다.

이후 필자의 고객사는 세금 납부지연신청서를 제출하고 허가를 받았다. 그리고 2025년 초에 납부 요청이 왔을 때 세금을 납부했다. 이런 사례는 상해가 '사업하기 좋은 도시'로 평가받는 이유 중 하나를 보여준다. 세수 사정이 넉넉하니 동북 지역처럼 세금을 걷기 위한 세무조사를 할 필요도 없고, 외국기업들이 사업을 원활하게 할 수 있도록 사회보험 납부까지 이연해주기도 한다.

상해는 중국에서 가장 기업친화적인 도시 중 하나다. 필자의 15년 상해 경험을 통틀어, 튀는 숫자에 대해 원포인트 조사는 받아보았을지언정 전반적으로 진행되는 정기적인 세무조사를 겪어보지 않은 것은 우연이 아닐 듯하다. 물론 선진화된 세무국 시스템을 통해 수집된 빅데이터를 분석한 결과 다음과 같은 사유가 있을 때는 세무조사를 나오기도 한다. 예를 들어 2년간 무역을 했는데 매입이 매출보다 많아 증치세를 단 1위안도 납부하지 않은 경우, 복리후생비 대비 급여 비율이 다른 회사에 비해 지나치게 높은 경우, 1사분기~3사분기 이익이 3억 위안이었는데 4사분기에 해외송금으로 등으로 갑자기 3억 위안의 이익이 사라지고 적자가 된 경우, 가짜 세금계산서 수령이 의심되는 경우, 세금계산서를 발행한 회사가 매출증치세를 납부하지 않고 야반도주를 해서 실질거래 여부를 확인해야 하는 경우 등이다. 이처럼 명확한 사유가 있는 경우를 제외하면, 필자가 아는 한 이해할 수 없는 세무조사는 없었다.

CHAPTER 06

중국의 회계처리 실무, 한국과 무엇이 다른가?

이 책은 세무에 대한 내용을 주로 다루고 있지만, 이 장에서는 기본적인 회계와 관련된 사항도 일부 언급해보고자 한다. 먼저 특별한 사례가 아닌 일반적인 상황에서 한국과 중국의 회계처리가 보이는 다섯 가지 차이점을 살펴보도록 하겠다.

첫째, 중국은 대부분의 회사가 같은 재무제표 양식을 사용한다. 한국과 미국의 경우 기본 틀은 있으나 비교적 양식이 자유롭다. 회사마다 특성이 있고 중요하게 여기는 것들이 다르기 때문이다. 하지만 중국은 양식 자체가 정해져 있다. 모든 회사의 자산부채표와 손익계산서 양식이 완전히 동일하며, 심지어 회계 계정과목도 두 번째 레벨까지는 국가에서 지정한 항목을 사용해야 한다. 세 번째, 네 번째는 기업의 상황에 맞게 변형이 가능하나 두 번째 레벨까지는 반드시 지정된 계정과목을 사용해야 한다.

이 부분은 필자가 처음 중국에 와서 잘 이해하지 못했던 점이다. 외국계 회사를 다닐 때 약 1천억 원을 들여 30여 개 회사에서 SAP

시스템을 도입한 적이 있었다. 모든 국가에서 회계 계정과목이 동일했는데, 유일하게 딱 한 국가 바로 중국만 별도의 회계 계정과목을 사용했다. 다른 국가들과 달리 상위 계정과목 두 번째 레벨까지 국가가 지정한 회계 계정과목 코드 번호를 사용해야 한다는 중국의 규정 때문이었다. 그래서 SAP 컨설턴트들과 미국 본사 회계 담당자들이 한참 애를 먹었던 기억이 있다. 이는 당시 중국과 한국이 동시에 SAP 시스템을 도입하고 있던 터라 우연히 알게 된 사항이다.

둘째, 손익계산서 세부 항목을 볼 수 없다. 중국의 손익계산서를 처음 접했을 때, 판매관리비에 해당하는 세부 항목이 없는 것을 보고 필자는 상당히 당황스러웠다. 손익에서 가장 중요한 부분들이 빠져 있다니 이해가 가지 않았다. 손익계산서에는 단지 판매비용 전체 금액, 관리비용 전체 금액, 재무비용 전체 금액만 덩그러니 나와 있을 뿐이었다. 거기서 볼 수 있는 의미 있는 정보라고 해봐야 매출, 원가, 세전이익, 기업소득세, 세후이익 정도에 불과했다. 심지어 급여가 얼마인지, 복리후생비가 얼마인지도 손익계산서를 통해서는 알 수 없다.

15년이 지난 지금까지도 필자는 이 표가 여전히 이해되지 않는다. 우리는 판매관리비로 배우고, 미국에서도 그렇게 작성하고 있는데 중국만 유일하게 판매비용과 관리비용을 구분하여 상세항목은 없이 총액만 기재한다. 이것이 정말 의미 있는 방식인 걸까? 내부에서 통용되는 자료에는 더 많은 정보가 필요하다. 물론 외부 제출용 손익계산서는 중국의 양식에 맞춰 간단하게 작성하지만, 많은 기업들이 내부적으로는 해당 비용들을 세부 항목별로 세세하게 관리하고 있다.

셋째, 중국에는 재무비용이라는 항목이 있다. 앞서 말했듯이 한국 혹은 미국의 재무제표에는 판매관리비 항목이 있고, 판매비용과 관리비용을 구분하지 않는다. 이 둘을 구분하는 의미가 없어 판매관리비라는 하나의 항목으로 묶어 처리하는 것이다. 그런데 중국은 이 항목을 두 가지도 아니고 세 가지로 나누어 표시한다. 판매비용, 관리비용, 재무비용이 그것이다. 그래서 한국이나 미국에서는 볼 수 없었던 재무비용이라는 항목을 고려해야 하는데, 이 항목에는 은행 수수료, 환차손익, 환산손익 등의 은행·금융 관련 비용이 포함된다.

넷째, 중국은 환차손익과 환산손익을 구분하지 않는다. 중국은 일반적으로 환차손익과 환산손익을 구분하지 않고, 외환손익이라는 하나의 항목으로 처리한다. 여기서 환차손익이란 해외 거래에서 받을 돈 혹은 줄 돈이 생겼을 때, 거래가 확정된 시점과 실제 대금 입금 또는 송금 시점의 환율 변동으로 인해 발생하는 손실이나 이익을 의미한다. 간단히 정리하자면 환율 차이로 인해 손실 혹은 이익이 발생하는 것을 환차손 또는 환차익이라고 하는 것이다.

반면 환산손익은 위안화를 제외한 외화자산이나 부채를 기말 시점에 위안화로 환산하면서 발생하는 손실 혹은 이익을 말한다. 여기서 외화자산이란 달러 등 해외 화폐 보유 자산이나 수출 후 받을 외화 대금을 뜻하며, 부채란 수입 후 지급할 외화 대금 등을 의미하는 것이다.

한국에서는 이 둘을 구분해서 처리하지만 중국 회계기준에서는 이 둘을 단일 계정, 즉 외환손익汇兑损益으로 처리한다. 그렇다면 한국의 회계기준과 맞지 않는 것은 어떻게 할 것인가? 이때 등장하는 것이 바로 필자가 가장 좋아하는 회계 원칙 중 하나인 '중요성의 원칙'이다. 중요성의 원칙에 따르면, 해당 금액이 전체 재무에 미치는 영향이 미미할 경우 엄밀하게 구분하지 않아도 무방하다. 그러므로 금액이 중요한 수준이 아니라면(물론 이 수준은 회사 규모에 따라 다르게 판단한다), 한국 회계기준에서는 중국 회계기준으로 외환손익이 +인 경우 환산이익, -일 경우 환산손실로 단순 구분해서 처리한다. 환차손익이 포함되어 있어도 환산손익으로 간주하는 것이다.

만약 금액이 큰 경우에는, 중국에서는 구분할 필요가 없다고 해도 한국 혹은 미국 본사의 회계기준에 따라 정확하게 구분해야 한다. 즉 한두 개의 계정이 아니라 더 세세하게 구분해야 한다. 그러면 중국 회계기준에 위배되지 않는지 걱정이 될 것이다. 필자도 이런 유사한 건들로 중국 회계 담당자들과 실랑이를 벌이기도 했다. 그러나 회계기준에 어긋나는 처리는 허용되지 않을지라도, 기준보다 더 상세하게 하겠다는데 반대할 재정국이나 세무국은 없다. 회사가 원한다면 세부 회계과목을 추가로 설정하면 된다.

다섯째, 중국은 보증금 계정이 없다. 중국에 와서 한동안 중국 회계 담당자에게 본의 아니게 당했던(?) 부분이다. 보증금 계정과목을 넣으라고 해도 담당자는 그런 계정은 없다며 계정을 추가해주지 않았다. 한참을 설명해도 받아들여지지 않아 답답하기만 하고, 결국 보증금 계정과목을 만들지 못했다. 그런데 나중에 알고 보니, 보증금계정을 세 번째 분류에 만들기만 하면 되는 거였다. 중국 회계에서 첫 번째 분류는 자산, 그 하위인 두 번째 분류에서는 기타미수금, 그리고 그보다 더 하위인 세 번째 분류에서는 개별 계정을 추가로 설정할 수 있으니, 보증금 계정은 기타미수금의 하위 계정으로 직접 만들어 넣을 수 있었던 것이다. 회계 담당자가 일부러 속인 것이든, 아니면 단순히 서로 소통이 제대로 되지 않았던 것이든, 이 경험 덕분에 중요한 교훈을 얻었다. 직원이 아무리 자신 있게 이야기해도, 상식적으로 납득이 되지 않으면 다시 확인해야 한다.

중국의 회계, 세무는 발생주의가 아니라 세금계산서 기준?

중국 역시 기업소득세법 규정상 현금주의가 아니라 발생주의权责发生制를 따르고 있다. 발생주의란, 해당 연도에 발생한 수입과 비용은 실제 대금의 입금이나 지급 시점과 관계없이 거래가 이루어졌거나 자산의 소유권이 이전된 연도의 수입과 비용으로 처리한다는 뜻이다. 수입(매출)을 예로 들면 기업소득세법에서는 아래의 다섯 가지 경우를 통해 발생 시점을 설명하고 있다.

- 대금 또는 증빙서류를 수취한 경우: 해당 서류나 대금을 수취한 당일
- 위탁수금방식의 경우: 위탁징수 수속을 진행한 당일
- 외상판매 및 할부결제 방식의 경우: 서면계약이 있는 경우에

는 계약서에서 약정한 수금일자, 서면계약이 없는 경우에는 화물을 발송한 당일
- 선수금 방식의 경우: 화물을 발송한 당일
- 설치 및 검수가 필요한 경우: 설치 및 검수가 완료된 시점(간단한 경우에는 제품 출고 시점)

물론 이는 원칙적인 기준이 그렇다는 뜻이다. 실무에서는 세금계산서 발행 시점을 기준으로 매출을 인식한다. 왜일까? 세금계산서를 발행하면 해당 내역이 세무국 시스템에 자동으로 매출로 등록되기 때문에, 세금계산서 발행 시점과 신고 매출 시점이 다르면 매번 세무국에 별도로 설명을 해야 한다. 또 이 과정에서 시스템에 오류로 인식될 수도 있다. 세무국 기준에 맞춰 매출을 세금계산서 기준으로 처리할 수밖에 없는 현실적인 상황이 있는 것이다. 그래서 실무에서는 농담 반 진담 반으로 "중국은 발생주의가 아니라 세금계산서 주의"라고 말한다.

실제로 중국에서 사업을 하는 분들 중 회계나 세무에 대한 기본 개념이 부족한 경우에는 세금계산서를 받으면 바로 비용, 세금계산서를 발행하면 곧바로 매출이라고 잘못 알고 있는 경우가 많다. 이런 생각은 회계의 기본 원칙인 발생주의에 대한 개념이 잡혀있지 않다는 뜻이다. 비록 실무상 어쩔 수 없이 계산서 기준으로 처리한다고 해도, 원칙은 이와 다르다는 점을 알고 있어야 한다. 그래야 예외 사항이 발생했을 때 어떻게 처리해야 할지 방향을 정할 수 있기 때문이다.

실제로 단순히 세금계산서 기준으로 회계처리 및 세무신고 업무를 진행하다가 문제가 된 경우들이 있다. 예를 들어, 재고가 입고되었거나 비용이 발생했는데도 세금계산서를 받지 못했다는 이유로 수십억 원에 달하는 재고와 관련 비용을 회계처리하지 않은 한국 상장회사의 중국 자회사가 있었다. 또 출고 가능한 재고가 없는데도 매출 세금계산서를 발행하지 않아, 수십억 원의 재고가 여전히 남아 있는 것으로 잘못 기록된 사례도 있었다. 심지어 출고가 되었고 대금까지 받았는데도 세금계산서를 발행하지 않았다는 이유로 매출을 처리하지 않은, 이름을 들으면 누구나 알 만한 중견 기업도 있었다.

비용이 발생했음에도 세금계산서를 수취하지 않아 비용처리를 하지 않았다면, 재무제표상 이익이 실제보다 많아 보여 결과적으로 기업소득세를 더 많이 납부하게 된다. 이는 회사 입장에서는 손해이지만, 세무당국에서 문제 삼을만한 상황은 아니다. 반면, 매출이 발생했음에도 세금계산서를 발행하지 않았다는 이유로 매출처리를 하지 않은 경우는 (설령 상대방이 세금계산서를 요청하지 않았다 하더라도) 심각한 문제로 이어질 수 있다. 이는 매출 누락에 해당하며, 그로 인한 증치세 및 기업소득세 탈세로 회사의 존폐를 논해야 할 수도 있다.

필자가 목격한 심각한 사례를 하나 소개해보겠다. 당시 문제가 발생한 기업의 담당 법인장과 담당 회계 담당자는 세금계산서를 발행하지 않았기 때문에 어쩔 수 없이 매출처리를 하지 못했다는 평계를 댔다. 그런데 세금계산서는 실무상 편의에 따른 기준일 뿐이다. 회계처리든 세금신고든, 매출 인식 기준은 대금 혹은 물건 송부 증빙을 수취한 당일이어야 한다. 상대방이 계산서를 요청하지 않았다 하더라도 매출이 발생했다면 반드시 계산서를 발행해야 한다. 상대방이 계산서가 필요 없다고 말했다면, 계산서를 발행하지 않은 매출로 회계처리를 하고 매출 신고를 했어야 했다. 당시 이 기업이 누락한 매출은 약 20억 원이었다. 그로 인해 이들은 13%의 증치세, 5~500%의 벌금, 3년간의 납부지연이자를 합하여 총 6.5억의 추가 세금과 벌금을 납부해야 했다. 필자는 이들이 과연 어떻게 대처할지가 궁금했는데, 결국 야반도주를 선택했다는 소식이 들려왔다.

중국에서는 재고수불부를 맞추기 어려운 이유?

결론부터 말하자면 간단하다. 관심의 차이와 중요성의 차이 때문이다. 재고 개념이 없는 담당자와 재고관리에 관심이 없는 법인장이 함께 있으면, 재고에 문제가 있다고 해도 그러려니 하고 넘어간다. 실제로 이런 사례는 허다하다. 필자가 인수인계를 받은 회사 중 재고수불부가 맞는 회사는 10%도 채 되지 않았다. 그래서 필자는 다른 회사의 재무 아웃소싱 업무를 인수인계 받을 때 늘 조심스럽다. 대부분의 분식회계는 재고자산과 연관이 되어 있기 때문이다. 의도가 있든 없든 말이다. 또 재고자산 숫자가 틀렸다는 건 그동안 신고했던 모든 재무제표가 잘못되었다는 것인데, 이를 수정하려면 당시 담당자가 했던 업무 이상의 시간이 소요된다. 봐야 할 자료가 몇 년치에 달할 수 있는데다 세무조사 문제도 있는 까닭이다. (실제로 세무조사를 받든, 아니면 나중에 세무와 관련된 문제가 불거지든) 그 발단이 과거의 재고 누락이나 오류 때문이라는 것을 아는 책임자는 많지 않다. 속된 말로 잘못한 사람은 따로 있는데 엉뚱한 사람이 X 밟은 상황이 흔히 발생한다.

그런데도 이런 문제를 이해하지 못하는 사장님들이 많다. 이분들은 '기초재고+매입재고-출고재고=기말재고'인데, 안 맞을 일이 뭐가 있어?"라고 말한다. 하지만 단 한 번이라도 실제로 재고수불 작업을 해본 분들은 딱 맞기가 더 힘든 일이라는 것을 안다. 입고 시 검수 수량이 실제와 다를 수 있고, 출고 수량에도 차이가 있을 수 있기 때문이다. 고객에게 물건을 무상으로 제공한 경우나 마케팅 프로모션으로 사용한 경우처럼, 정상 출고 외에도 다양한 기타 출고가 있을 수 있다. 단가가 변동될 수도 있고, 계산식에서 차이가 발생할 이유는 얼마든지 있다. 이런 차이가 발생할 때마다 인내심을 가지고 하나씩 확인해서 맞춰야 문제가 없어지는 것이 재고다. 근데 법인장이 이 문제에 관심 없으니 담당자도 관심을 기울이지 않고, 결국 재고 관리는 점점 엉망이 되어 간다. 그러다 수천만 원, 수억 원 차이가 나면 그제서야 부랴부랴 난리가 난다. 이런 상황은 하루아침에 벌어지는 일이 아니다. 적어도 무관심이 몇 년은 누적된 결과이다.

몇 년째 재고를 제대로 못 맞추고 있는 수입상을 만난 적이 있다. 일정이 급해서, 허가증이 없어 정상 수입절차를 거치지 않고 들여온 상품이 있어 재고를 맞추지 못했다는 것이다. 하지만 정상 수입처리를 하지 않았다고 해서 재고를 맞출 수 없는 것은 아니다. 구분만 명확히 하면 된다. 정상 수입절차를 거친 것은 회사 재고로, 정상 수입절차를 거치지 않은 것은 회사 재고가 아닌 것으로 처리하면 된다. 판매할 때도 마찬가지다. 정상 수입을 했다면 정상 판매만 해야 하고, 정상 수입을 거치지 않았다면 정상 판매를 하면 안 된다. 그런데 그걸 혼재시켜 버리니 재고가 엉망이 되고, 외부에서 도와줄 수도 없는 상황이 된 것이다. 방법이 없었다. 결국 평균 원가율로 원가를 재산정하고(예를 들어 모든 상품들의 원가를 60%, 70% 등으로 처리하는 식으로), 남은 금액을 재고로 간주하여 처리할 수밖에 없었다. 물론 원칙적으로는 이렇게 하면 안 되지만, 그렇게 하지 않으면 결산 자체가 불가능한 상황이었다. 원가를 평균 원가율로 계산 산정한 뒤 재고를 역산해 맞추는 궁여지책이지만, 당사자인 회사 담당자와 사장이 자사의 실제 재고가 얼마인지를 모르니 이 방법이 사실상 유일한 해결책이었다.

중국에는 왜 법인카드가 없을까?

결론부터 말하자면, 중국에도 법인카드가 있다. 그러나 다음 네 가지 문제 때문에 실제 사용이 드물어, 마치 법인카드가 없는 것처럼 보일 뿐이다.

첫째, 고객 입장에서 필요성이 적다. 큰 금액은 기업 간에 은행거래를 하면 될 테니 굳이 법인카드를 사용할 필요가 없다. 직원들의 출장비 같은 소액 지출은 예산이 정해져 있고, 사용 금액도 비교적 명확하기 때문에 별도로 법인카드로 관리하는 실익이 크지 않다.

둘째, 은행(카드사) 입장에서 수익성이 없다. 은행 입장에서는 법인카드 운영이 번거롭기만 하고 수익성이 크지 않으니 굳이 권하려고 하지 않는다. 공급이 많아져야 수익이 늘 텐데, 고객의 수요가 적으니 공급에 한계가 있고, 그러다 보니 유지관리비만 드는 형국이다. 이런 이유로 은행에 법인카드 발급을 문의하면, 별다른 설명 없이 그냥 안 된다고 하는 곳들이 많다.

셋째, 적격증빙으로 인정되지 않는다. 한국은 법인카드 자체가 적격증빙(비용영수증)으로 인정이 되지만, 중국에서는 별도로 세금계산서를 수취해야만 비용 인정이 가능하다. 법인카드는 단순 결제용 수단일 뿐이니, 결제와 증빙이 분리되어 번거롭다는 생각만 들 것이다.

넷째, 신용카드 결제가 되지 않는 곳이 많다. 중국에서는 대부분 위챗페이나 즈푸바오(알리페이)로 결제하기 때문이다. 또한 법인 계좌로 위챗페이나 즈푸바오 계정을 만들 수 있어, 회사 계좌로 입출금도 가능하다. 그러다 보니 법인카드의 필요성이 더욱 낮아진다.

그럼에도 꼭 법인카드를 만들고 싶다면 아래의 방법으로 만들 수 있다. 다만 은행이 발급에 동의할지는 주거래은행 여부, 회사의 자금 규모, 거래 실적에 따라 달라질 것이다.

1 법인 신용카드, 법인 계좌 연동

법인 명의로 발급된 신용카드이고, 법인 계좌에서 대금이 인출되는 구조다. 일정 규모 이상의 자금을 사용할 경우, 법인카드로 사용하게끔 하는 방법이다. 법인 신용카드 사업을 하지 않는 은행도 있으므로, 은행별로 발급 가능 여부를 확인해야 한다.

2 법인 은행카드(직불카드), 법인 계좌 연동

신용카드가 아니라 직불카드 형태의 은행카드로, 선입금된 자금 한도 내에서만 사용이 가능하다. 대부분의 은행에서 발행이 가능하며, 심지어 한국계를 포함한 외국계 은행에서도 발급 가능하다. 최근 한국계 은행에서는 법인 직불카드 도입을 장려하는 추세이기도 하다.

3 법인 신용카드, 직원 개별 계좌 연동

한국에서 흔히 사용하는 형태인 법인개별신용카드이다. 카드는 회사 명의로 발급되지만, 결제 대금은 법인 계좌가 아닌 직원 개인 계좌에서 자동이체되는 구조다. 즉 회사의 비용을 개인이 선결제하고, 이후 회사에 비용 정산을 청구하는 방식이다. 법인 계좌가 아닌 개인 계좌에 연결되어 있으므로 사용이 조심스러울 터, 회사에 비용정산 청구 후 승인이 되어야 회사로부터 자금이 입금될 것이다. 그렇다면 보통의 개인카드처럼 보일 수도 있지만, 모든 사용내역을 회사가 조회할 수 있고 사용처 및 업종도 확인이 가능하기 때문에, 보통 내부감사에 효과적으로 활용된다. 실제로 이 카드를 통해 규정 위반 사례가 적발되는 경우도 많다.

물론 3번의 경우 은행에서 잘 발급해주려고 하지 않고, 법인개별카드 자체가 없는 은행이 더 많기도 하다. 예전에 필자는 200명의 전 직원에게 법인개별신용카드를 만들어준 적이 있다. 당시에는 주변에 유사한 사례가 거의 없었고, 필자가 속한 대기업의 계열사 중에서도 최초로 진행했던 건이다. 신용카드 발급 준비에만 6개월이 소요됐고, 직원들이 실제로 카드를 사용하는 습관이 들기까지 다시 6개월이 걸려, 총 1년이 소요된 일이었다. 당시 법인카드 발급이 가능했던 것은 해당 회사의 운용 자금이 100억 원에 가까워 은행이 응대를 해주었기 때문이다.

직원들은 법인개별신용카드를 좋아하지 않고 싫어했다. 당시의 목적도 대기업 차원의 관리, 통제, 내부 감사였다. 실제로 이 카드를 통해 여러 문제를 잡아내기도 했다. 이후로 다른 계열사가 법인개별카드를 발급했다는 이야기는 아직까지 들은 바가 없다. 일이 늘어나고 누구를 위한 제도인지도 모호하기 때문이다. 필자가 법인개별카드 개설을 진행했던 것은, 그것이 당시 회사에서 나름대로 의미 있는 일이었기 때문이다. 새로운 일에 도전하기를 좋아하는 필자의 성향도 한 몫 했다. 그러나 지금 다시 같은 일을 하라고 하면 아마도 거절할 것이다. 다른 중요한 일이 많은데 해당 업무로 6개월의 시간을 소모한 것을 떠올리면 그럴 만한 가치가 있었는지 살짝 의문이 들기 때문이다.

당시 중국 직원들은 법인카드를 귀찮아했고 한국 부서장들은 싫어했다. 그런데 중국 직원들은 귀찮음을 내색한 반면, 한국 부서장들은 싫다는 내색을 하지 못했다. 내부 감사가 강한 그룹사 분위기를 이미 잘 알고 있는 이들이었기 때문일 것이다. 이들은 이 법인카드로 인해 추후 문제가 생길 수 있음을 알았을 것이다. 개별카드를 만들면 과거처럼 자유롭게 비용을 집행하기가 어려워질 텐데, 그렇다고 불만을 내색하면 그동안 편하게 비용을 썼다는 사실이 드러날 수도 있다고 생각했을 것이다.

중국에서 외자기업은 왜 회계감사보고서를 작성해야 하나?

과거에 외자법인은, 규모에 관계없이 반드시 감사보고서를 작성해야 했다. 또한 연검(현재의 공시)이나 기업소득세 세무조정을 할 때 감사보고서도 함께 제출해야 했다. 그러다 2014년 이후로는 감사보고서를 반드시 작성할 필요가 없어졌고, 법인 설립을 관할하는 공상국이나 세무국에서도 감사보고서 자료를 요구하지 않게 되었다. 비록 규정상 감사보고서 관련 조항은 여전히 존재하지만 실무에서는 제출을 요구하지 않다 보니, 필자는 이를 '규정은 있으나 실무상 필요 없는 것'으로 잘못 이해하고 있었다.

관련 규정을 찾는 방법을 알아볼 겸, 이 절에서는 감사보고서 작성 의무에 관한 조항이 명시되어 있는 '중화인민공화국 외자기업법 시행세칙 60조'의 내용을 살펴보도록 하자. 중국어 원문과 그에 대한 번역문을 함께 놓아둔다.

2001년 中华人民共和国外资企业法实施细则
(2001년 중화인민공화국 외자기업법 시행세칙)

第六十条 外资企业应当独立核算。 外资企业的年度会计报表和清算会计报表, 应当依照中国财政、税务机关的规定编制。以外币编报会计报表的, 应当同时编报外币折合为人民币的会计报表。外资企业的年度会计报表和清算会计报表, 应当聘请中国的注册会计师进行验证并出具报告。 第二款和第三款规定的外资企业的年度会计报表和清算会计报表, 连同中国的注册会计师出具的报告, 应当在规定的时间内报送财政、税务机关, 并报审批机关和

> 工商行政管理机关备案。
>
> 제60조. 외자기업은 독립적인 회계처리를 해야 한다. 외자기업의 연간 회계보고서 및 정산 회계보고서는 중국 재정부 및 세무당국의 규정에 따라 작성해야 한다. 외화로 작성된 회계보고서의 경우, 외화를 인민폐로 환산한 회계보고서를 함께 작성해야 한다. 외자기업의 연간 회계보고서 및 정산 회계보고서는 반드시 중국의 공인회계사를 고용하여 검증 및 보고서 작성을 받아야 한다. 제2항 및 제3항에 따라 작성된 외자기업의 연간 회계보고서와 정산 회계보고서는, 중국 공인회계사가 작성한 보고서와 함께 규정된 시간 내에 재정 및 세무 기관에 제출해야 하며, 승인 기관 및 공상행정관리기관에 비치해야 한다.

위의 원문에 따르면, 과거에 외자기업은 회계감사보고서 작성이 의무사항이었다. 이후 2014년 '외자기업법 시행세칙' 개정안(조문번호는 58조로 변경)에서도 여전히 중국 회계사에게 회계감사를 받으라는 규정이 있었다. 그러나 2016년 이래로 감사보고서 관련 조문이 포함된 전체 장이 삭제됨에 따라, 회계감사보고서 작성 의무조항도 사라지게 되었다. 이후 몇 차례의 수정이 있었지만 가장 최근의 규정에서도 회계감사보고서 작성 의무를 명시하고 있지는 않다. 이에 따라, 현재 유효한 규정에 대한 이해를 돕기 위해 아래 관련 원문과 번역본을 함께 수록한다.

> **中华人民共和国外商投资法实施条例**
> **(중화인민공화국 외상투자법 실시조례)**
>
> 第三十八条 外国投资者或者外商投资企业应当通过企业登记系统以及企业信用信息公示系统向商务主管部门报送投资信息。
>
> 国务院商务主管部门、市场监督管理部门应当做好相关业务系统的对接和工作衔接，并为外国投资者或者外商投资企业报送投资信息提供指导。
>
> 제38조. 외국인 투자자 또는 외상투자기업은 기업 등록 시스템 및 기업 신용정보 공시 시스템을 통해 상무 주관 부서에 투자 정보를 보고해야 한다.
> 국무원 상무 주관 부서 및 시장감독관리 부서는 관련 업무 시스템의 연계 및 조정 업무를 원활히 수행하고, 외국인 투자자나 외상투자기업이 투자 정보를 보고할 수 있도록 지침을 제공해야 한다.

회계감사 관련 결론은 다음과 같다. 현재 기준으로, 회계감사보고서를 반드시 작성해야 한다고 명시된 규정은 없다. 관련 부처에서 요청이 있을 때만 작성하면 된다. 특히 지분이전이나 배당집행과 같은 절차에서는, 회계감사보고서를 요구하는 경우가 많으므로 이 점을 참고하면 좋을 것이다.

경험담 7
소득세를 납부할 때만 되면 세금을 내지 말자는 사장님들

시간이 꽤 흘렀으니 이제는 이 이야기를 해도 되지 않을까 싶다. 어느 날 지인의 회사에 놀러갔는데, 지인이 재무담당자가 일을 잘 못하는 것 같다며 필자에게 도움을 요청했다. 그래서 재무제표와 세금을 조금 봐주었다. (물론 봐주면서 그럴 바엔 우리 회사에 일을 맡기지, 하는 생각이 들었다. 재무담당자보다 일도 잘하고, 비용도 담당자 월급보다 더 저렴할 텐데 말이다.)

중국은 한국과 달리 분기별로 기업소득세를 신고하고, 이익이 있으면 분기마다 세금을 납부해야 한다. 그런데 그 회사는 재무제표상 분명히 이익이 나고 있는데 세금을 납부하지 않고 있었다. 회사 재무담당자에게 이유를 물었더니, 세금을 납부하자고 하면 사장님이 항상 세금을 안 낼 수 있는 방법이 없느냐고 물어보면서, 가능하면 납부하지 말라고 말한다는 것이다. 세금을 납부해야 하는데 하지 말라니 재무담당자는 미칠 노릇이었을 것이다. 고민 끝에 재무담당자는 결국 세금 신고용 재무제표와 실제 내부용 재무제표를 따로 만들기 시작했다. 사실상 이중장부를 만들어 관리하게 된 것이다.

이제는 안다. 그 재무담당자가 얼마나 힘들었을지를. 물론 그에게도 일부 잘못이 있지만 말이다. 그 담당자는 결국 퇴사했다. 무지한 사장이 역량이 부족했던 재무담당자를 괴롭혔고, 결국 퇴사까지 하게 만들었다. 후에 필자가 사장인 지인에게 조심스럽게 말을 꺼냈다. 그러나 그는 자신은 그런 적이 없다고 딱 잘라 말했다. 절세를 요구했지 탈세를 요구한 건 아니라고 덧붙이면서 말이다. 그러나 이미 부과된 세금을 내지 말라고 하는 것은 애초에 절세가 아니라 탈세를 종용한 것이나 다름없다. 사정이 이러니 직원 입장에서도 더 이상 소통하기 어려웠을 것이다. 직원은 퇴사를 하면서 가족 사정을 이유로 들었고, 그 지인은 아마 평생 진짜 이유를 모를 것이다.

에필로그

중국으로 첫 출장을 떠난 이후, 어느덧 20년이라는 시간이 흘렀다. 필자는 중국이라는 나라 자체에, 이 나라의 시스템에, 그리고 적지 않은 무례한 사람들에게 매일같이 화가 났고, 화를 냈다. 필자가 충분히 현명한 사람이 아니라서 그랬는지는 몰라도 무려 10년 넘게 화를 내며 살았다. 그런데 어느 순간 아내에게 화가 나지 않는 것처럼, 중국에도 더 이상 화가 나지 않게 되었다. 그리고 예전에 화가 났던 이유도, 지금은 화가 나지 않는 이유도 결국은 단 한 가지 근원에서 시작된다는 것을 깨닫게 되었다. 그것은 바로 '이해'였다. 오랫동안 떨칠 수 없었던 감정은 다만 '이해할 수 없느냐, 이해할 수 있느냐'에 달린 문제였던 것이다.

이 책은 필자가 18년간 중국의 회계 및 세무 분야에서 보낸 기록이다. 이중 절반은 중소기업과 대기업에서, 나머지 반은 스스로 일군 회사에서 보낸 시간이었다. 이 책에는 그 기간 동안 좌충우돌하며 배운 것, 이해하지 못했던 것들을 이해하게 되는 과정에서 얻은 것들을 담았다. 필자에게는 작은 바람이 있다. 대기업은 대기업대로 잘 해나갈 것이니, 중소기업 사장님들과 관리자분들에게 이 책이 조금이나마 도움이 되면 좋겠다는 것이다. 필자가 이 책에서 나눈 경험을 통해 조금이라도 화를 덜 내게 되면 좋겠다. 혹은 화가 나더라도 건강을 위해 바로 잊었으면 좋겠다. 화보다는 이해를 통해, 내가 무엇을 할 것인가에 대한 고민을 통해, 쉽지 않은 중국시장에서 살아남기를 바란다. 그리고 단지 살아남는 것을 넘어 사업적으로는 성공에, 개인적으로는 행복에 다다르기를 바란다. 중국이 마냥 좋아서가 아니라 좋지 않음에도 불구하고, 중국의 사업 환경이 괜찮아서가 아니라 괜찮지 않음에도 불구하고 말이다.

 마지막으로 부족한 글을 끝까지 읽어주셔서 감사하다는 마음을 전하며, 이만 줄이도록 하겠다.

부록

중국의 회계제도 & 세무규정

중국에서 세법 등의 규정을 찾을 때 어려운 점은 크게 두 가지이다. 첫째, 바로 언제 규정이 최신 버전인지 한참을 확인해야 한다는 점이다. 둘째, 규정은 있으나 임시 규정들이 너무나 많다는 점이다. 그 임시 규정들을 하나하나 확인하고 나서야 현재 규정을 완벽히 이해하고 적용할 수 있다. 필자도 찾고, 직원도 찾고, 공인회계사에게도 추가로 확인을 요청하고. 이렇게 여러 차례 확인을 거친 뒤에야 비로소 믿을 만한 규정이 된다. 실무에서 직접 적용해 본 후 정리한 세무규정들을 부록으로 정리해 놓았다.

    1. 중국 소기업회계기준
    2. 중국 적격증빙 규정
    3. 중국 개인소득세법
    4. 중국 증치세 임시 조례
    5. 중국 기업소득세법

부록 1 중국 소기업회계기준

기업회계기준(준칙)은 책 한 권으로도 부족할 정도로 분량이 많다. 대기업들은 전문가들을 두고 부족함이 없이 잘 관리할 테니 따로 말할 필요가 없을 것이다. 그러므로 여기서는 중소기업을 위해 소기업회계기준을 정리해보았다. 한국에서는 대기업 혹은 상장회사라고 해도 중국에 진출한 사업체의 규모가 작다면 소기업회계기준을 적용하니 이 점을 유념하기를 바란다.

소기업회계기준을 사용하기 위해서는 아래 세 가지 조건을 만족해야 한다.

1. 사회적, 공적 책임이 없을 것
2. 경영 규모가 작을 것
3. 기업 그룹 내 모기업 또는 자회사가 아닐 것(중국 내 기준)

이 중 가장 핵심 조건은 두 번째, 경영 규모이다. 제조업의 경우에는 종업원 300명 이상, 매출 2천만 위안 이상, 이 두 가지 조건을 모두 만족하면 소기업기업회계기준을 사용할 수 없다. 도매업의 경우에는 종업원 20명 이상, 연 매출 5천만 위안 이상, 이 두 가지 조건을 모두 만족하면 소기업회계기준을 사용할 수 없다.

예를 들어 도매업을 하고 있는데, 종업원이 19명이고 매출이 3억 위안(한화 약 570억 원)이면 소기업회계기준 대상이라는 뜻이다. 숫자로만 본다면 중국 진출한 기업의 90% 이상이 소기업회계기준에 해당된다고 보면 될 듯하다.

소기업의 기준은 공업정보화부, 국가통계국, 국가발전개혁위원회, 재정부가 공동 연구해서 2011년 7월 발표한 《중소기업 분류기준 규정 발행에 관한 통지关于印发中小企业划型标准规定的通知》를 참고하면 된다.(https://www.mof.gov.cn/zhengwuxinxi/zhengcefabu/201107/t20110704_570692.htm)

다음은 《중소기업 분류기준 규정 발행에 관한 통지》 중 《소기업 회계기준 小企业会计准则》 전문이다. 중국어 원문을 소개하고 아래 한국어 번역을 적었으며, 필요한 부분에 보충설명을 덧붙였다. 이런 규정이 있다는 것조차 모르는 분이 많은 현실에서 소소하게나마 도움이 되기를 바란다.

小企业会计准则
(소기업회계기준)

第一章 总则 제1장 총칙

第一条 为了规范小企业会计确认、计量和报告行为，促进小企业可持续发展，发挥小企业在国民经济和社会发展中的重要作用，根据《中华人民共和国会计法》及其他有关法律和法规，制定本准则。

제1조 소기업의 회계 인식, 측정 및 보고 행위를 규범화하고, 소기업의 지속 가능한 발전을 지원하고 촉진하며, 소기업이 국민경제와 사회 발전에서 중요한 역할을 할 수 있도록 하기 위해 《중화인민공화국 회계법》 및 기타 관련 법률과 규정을 바탕으로 본 기준을 제정한다.

第二条 本准则适用于在中华人民共和国境内依法设立的、符合《中小企业划型标准规定》所规定的小型企业标准的企业。
下列三类小企业除外：
（一）股票或债券在市场上公开交易的小企业。
（二）金融机构或其他具有金融性质的小企业。

（三）企业集团内的母公司和子公司。
前款所称企业集团、母公司和子公司的定义与《企业会计准则》的规定相同。

제2조 본 기준은 중화인민공화국 내에서 법에 따라 설립된 《중소기업 분류 기준 규정》에 따라 소형 기업 기준을 충족하는 기업에 적용된다.
참고로, 다음 세 가지 유형의 소기업은 적용 대상에서 제외된다.
(1) 주식 또는 채권을 시장에서 공개 거래하는 소기업
(2) 금융기관 또는 기타 금융 성격을 가진 소기업
(3) 기업 그룹 내 모회사와 자회사
상기에서 말하는 기업 그룹, 모회사, 자회사의 정의는 《기업회계기준》의 규정과 동일하다.

第三条 符合本准则第二条规定的小企业，可以执行本准则，也可以执行《企业会计准则》。
（一）执行本准则的小企业，发生的交易或者事项本准则未作规范的，可以参照《企业会计准则》中的相关规定进行处理。
（二）执行《企业会计准则》的小企业，不得在执行《企业会计准则》的同时，选择执行本准则的相关规定。
（三）执行本准则的小企业公开发行股票或债券的，应当转为执行《企业会计准则》；因经营规模或企业性质变化导致不符合本准则第二条规定而成为大中型企业或金融企业的，应当从次年1月1日起转为执行《企业会计准则》。
（四）已执行《企业会计准则》的上市公司、大中型企业和小企业，不得转为执行本准则。

제3조 본 기준 제2조의 규정을 충족하는 소기업은 본 기준을 적용하거나 《기업회계기준》을 적용할 수 있다.
(1) 본 기준을 적용하는 소기업은, 본 기준에서 규정하지 않은 거래나 사안에 대해 《기업회계기준》의 관련 규정을 참조하여 처리할 수 있다.
(2) 《기업회계기준》을 적용하는 소기업은 본 기준의 관련 규정을 선택적으로 적용할 수 없다.
(3) 본 기준을 적용하는 소기업이 주식 또는 채권을 공개 발행할 경우, 《기업회계

기준》으로 전환해야 한다. 또한 경영 규모나 기업 성격 변화로 인해 중대형 기업 또는 금융 기업이 된 경우 본 기준 제2조 규정을 충족하지 못하는 경우, 다음 연도 1월 1일부터 《기업회계기준》으로 전환해야 한다.
(4) 이미 《기업회계기준》을 적용 중인 상장기업, 대중형 기업 및 소기업은 본 기준으로 전환할 수 없다.

[보충설명] 당해 연도에 소기업 기준을 초과하면, 예를 들어 도매업의 경우 직원이 20명 이상 & 연 매출 5천만 위안(한화 약 100억 원)이라는 두 가지 조건을 모두 만족했다면 그 다음해부터 소기업회계기준이 아닌 기업회계기준을 적용해야 한다는 뜻이다.

第四条 执行本准则的小企业转为执行《企业会计准则》时，应当按照《企业会计准则第38号——首次执行企业会计准则》等相关规定进行会计处理。

제4조 본 기준을 적용하던 소기업이 《기업회계기준》으로 전환할 경우, 《기업회계기준 제38호 — 최초로 기업회계기준을 적용하는 경우》 등의 관련 규정에 따라 회계처리를 해야 한다.

第二章 资 产 제2장 자산

第五条 资产，是指小企业过去的交易或者事项形成的、由小企业拥有或者控制的、预期会给小企业带来经济利益的资源。
小企业的资产按照流动性，可分为流动资产和非流动资产。

제5조 자산이란 소기업이 과거의 거래 또는 사건을 통해 형성한 것으로, 소기업이 소유하거나 통제하며, 소기업에 경제적 이익을 가져올 것으로 기대되는 자원을 말한다.
소기업의 자산은 유동성에 따라 유동자산과 비유동자산으로 구분된다.

第六条 小企业的资产应当按照成本计量，不计提资产减值准备。

제6조 소기업의 자산은 원가를 기준으로 측정하며, 자산감액준비금(자산평가준비금)을 설정하지 않는다.

[보충설명] 자산감액준비금(자산평가준비금)이 없다. 다만 재고자산의 경우 손익에 반영하고 싶다면 폐기처분으로 반영 가능하니, 준비금이 아니라 바로 폐기처분을 진행해야 한다.

第一节 流动资产 제1절 유동자산

第七条 小企业的流动资产，是指预计在1年内（含1年，下同）或超过1年的一个正常营业周期内变现、出售或耗用的资产。

小企业的流动资产包括：货币资金、短期投资、应收及预付款项、存货等。

제7조 소기업의 유동자산이란, 1년 이내(1년 포함, 이하 동일) 또는 1년을 초과하는 정상 영업 주기 내에 현금화, 판매, 또는 소모될 것으로 예상되는 자산을 말한다.

소기업의 유동자산에는 화폐자금, 단기투자, 미수금 및 선급금, 재고자산 등이 포함된다.

第八条 短期投资，是指小企业购入的能随时变现并且持有时间不准备超过1年（含1年，下同）的投资，如小企业以赚取差价为目的从二级市场购入的股票、债券、基金等。

短期投资应当按照以下规定进行会计处理：

（一）以支付现金取得的短期投资，应当按照购买价款和相关税费作为成本进行计量。

实际支付价款中包含的已宣告但尚未发放的现金股利或已到付息期但尚未领取的债券利息，应当单独确认为应收股利或应收利息，不计入短期投资的成本。

（二）在短期投资持有期间，被投资单位宣告分派的现金股利或在债务人应付利息日按照分期付息、一次还本债券投资的票面利率计算的利息收入，应当计入投资收益。

（三）出售短期投资，出售价款扣除其账面余额、相关税费后的净额，应当计入投资收益。

제8조 단기투자란, 소기업이 구입한 것으로 즉시 현금화할 수 있고, 보유 기간이 1년(1년 포함, 이하 동일)을 초과하지 않을 예정인 투자를 말한다. 예를 들어 소기업이 차익 실현을 목적으로 2차 시장에서 매입한 주식, 채권, 펀드 등이 이에 해당한다.

단기투자는 다음과 같은 규정에 따라 회계처리해야 한다.

(1) 현금으로 취득한 단기투자는 구매 가격과 관련 세금을 원가로 측정해야 한다.

실제 지급한 금액에 포함된, 선언되었지만 아직 지급되지 않은 현금 배당금이나 상환 기일에 도달했으나 아직 수취하지 않은 채권 이자는 별도로 미수 배당금 또는 미수 이자로 계상하고, 단기투자 원가에 포함하지 않는다.
(2) 단기투자 보유 기간 동안 투자 대상 회사가 선언한 현금 배당금이나, 채무자가 지급해야 할 이자일에 채권 투자에 따라 계산된 이자 수익은 투자 수익으로 계상한다.
(3) 단기투자를 매도하는 경우, 매도가격에서 장부 잔액과 관련 세금을 차감한 순액은 투자 수익으로 계상한다.

[보충설명] 회사 자금으로 주식투자를 할 때는 연간 이익이 300만 위안을 넘지 않도록 매도시기와 수량을 조절해야 한다. 주식 투자로 인해 기업의 총 과세소득이 300만 위안을 초과하면, 소기업 우대세율(5%)이 적용되지 않고 일반 기업소득세율(25%)이 적용될 수 있기 때문이다. 또한 회사 자금으로 주식투자를 할 경우 증치세도 납부해야 한다. 결론적으로 세금 측면에서 크게 절세되는 이점이 없기 때문에 회사 자금으로 주식투자를 하는 것은 그다지 추천하지 않는다.

第九条 应收及预付款项，是指小企业在日常生产经营活动中发生的各项债权。包括：应收票据、应收账款、应收股利、应收利息、其他应收款等应收款项和预付账款。
应收及预付款项应当按照发生额入账。

제9조 미수금 및 선급금이란, 소기업의 일상적인 생산 및 경영 활동에서 발생한 모든 채권을 말한다. 여기에는 받을어음, 받을계정, 받을배당금, 받을이자, 기타 미수금 및 선급금이 포함된다.
미수금 및 선급금은 발생 금액을 기준으로 장부에 기록해야 한다.

第十条 小企业应收及预付款项符合下列条件之一的，减除可收回的金额后确认的无法收回的应收及预付款项，作为坏账损失：
（一）债务人依法宣告破产、关闭、解散、被撤销，或者被依法注销、吊销营业执照，其清算财产不足清偿的。
（二）债务人死亡，或者依法被宣告失踪、死亡，其财产或者遗产不足清偿的。
（三）债务人逾期3年以上未清偿，且有确凿证据证明已无力清偿债务的。
（四）与债务人达成债务重组协议或法院批准破产重整计划后，无法追偿的。
（五）因自然灾害、战争等不可抗力导致无法收回的。
（六）国务院财政、税务主管部门规定的其他条件。

应收及预付款项的坏账损失应当于实际发生时计入营业外支出，同时冲减应收及预付款项。

제10조 소기업의 미수금 및 선급금이 다음 조건 중 하나를 충족하는 경우, 회수 가능한 금액을 차감한 후 회수가 불가능한 금액은 대손 손실로 인정된다.
(1) 채무자가 법적으로 파산, 폐업, 해산, 폐지가 선언되었거나 영업허가가 취소되어 청산재산이 부족한 경우.
(2) 채무자가 사망했거나, 법적으로 실종 또는 사망이 선언되었으며, 재산 또는 유산이 부족한 경우.
(3) 채무자가 3년 이상 연체되었으며, 채무를 갚을 능력이 없다는 확실한 증거가 있는 경우.
(4) 채무자와 채무 재조정 합의를 체결했거나, 법원에서 파산 회생 계획이 승인된 후에도 추심할 수 없는 경우.
(5) 자연재해, 전쟁 등 불가항력으로 인해 회수가 불가능한 경우.
(6) 국무원 재정 및 세무당국이 규정한 기타 조건에 해당하는 경우.
미수금 및 선급금의 대손 손실은 실제 발생 시 영업 외 비용으로 계상하고, 미수금 및 선급금을 감소시켜야 한다.

[보충설명] 소기업회계기준은 대손충당금을 설정하지 않기 때문에, 실제 대손이 발생했을 경우 이를 영업 외 비용으로 처리하게 된다. 그리고 기업소득세 측면에서는 일반적으로 채무자가 청산 또는 말소되었거나, 영업허가가 취소된 경우에 한해 대손으로 인정받을 수 있으며, 이외의 경우에는 대부분 인정이 되지 않는다. 예외적인 경우는 위의 번역문에서 확인할 수 있다.

第十一条 存货，是指小企业在日常生产经营过程中持有以备出售的产成品或商品、处在生产过程中的在产品、将在生产过程或提供劳务过程中耗用的材料和物料等，以及小企业（农、林、牧、渔业）为出售而持有的、或在将来收获为农产品的消耗性生物资产。
小企业的存货包括：原材料、在产品、半成品、产成品、商品、周转材料、委托加工物资、消耗性生物资产等。

제11조 재고자산이란 소기업이 일상적인 생산 및 경영 활동에서 보유하고 있는 자산으로, 판매를 목적으로 하는 완제품 또는 상품, 생산 중인 재공품, 생산 및 서비스 제공 과정에서 소모될 자재 및 재료 등을 말한다. 또한, 소기업(농업, 임업, 축

산업, 어업)의 경우, 판매를 위해 보유하고 있거나 장래 수확될 농산물에 해당하는 소비성 생물자산도 포함된다.

소기업의 재고자산에는 원재료, 재공품, 반제품, 완제품, 상품, 회전자재, 위탁가공자재, 소비성 생물자산 등이 포함된다.

第十二条 小企业取得的存货，应当按照成本进行计量。

（一）外购存货的成本包括：购买价款、相关税费、运输费、装卸费、保险费以及在外购存货过程发生的其他直接费用，但不含按照税法规定可以抵扣的增值税进项税额。

（二）通过进一步加工取得存货的成本包括：直接材料、直接人工以及按照一定方法分配的制造费用。

（三）投资者投入存货的成本，应当按照评估价值确定。

제12조 소기업이 취득한 재고자산은 원가로 측정해야 한다.
(1) 외부에서 구입한 재고자산의 원가에는 구매 금액, 관련 세금, 운송비, 하역비, 보험료, 기타 직접 비용이 포함되며, 세법상 공제 가능한 증치세 매입세액은 제외된다.
(2) 추가 가공을 통해 획득한 재고자산의 원가에는 직접 재료비, 직접 노무비 및 특정 방법으로 배분된 제조비용이 포함된다.
(3) 투자자가 투입한 재고자산의 원가는 평가된 가치에 따라 결정해야 한다.

第十三条 小企业应当采用先进先出法、加权平均法或者个别计价法确定发出存货的实际成本。计价方法一经选用，不得随意变更。

对于性质和用途相似的存货，应当采用相同的成本计算方法确定发出存货的成本。

对于不能替代使用的存货、为特定项目专门购入或制造的存货以及提供的劳务，采用个别计价法确定发出存货的成本。

对于周转材料，采用一次转销法进行会计处理，在领用时按其成本计入生产成本或当期损益；金额较大的周转材料，也可以采用分次摊销法进行会计处理。出租或出借周转材料，不需要结转其成本，但应当进行备查登记。

对于已售存货，应当将其成本结转为营业成本。

제13조 소기업은 재고자산의 실제 원가를 선입선출법, 가중평균법, 또는 개별법

을 사용하여 산정해야 하며, 한 번 선택한 평가 방법은 임의로 변경할 수 없다.
성질과 용도가 유사한 재고자산의 경우, 동일한 원가 계산 방법을 사용하여 재고자산의 원가를 산정해야 한다.
대체 사용이 불가능한 재고자산, 특정 프로젝트를 위해 구입하거나 제조한 재고자산, 그리고 제공된 서비스는 개별법을 사용하여 원가를 산정해야 한다.
회전자재의 경우 일괄 상각법을 사용해 회계처리하며, 자재 사용 비용을 생산원가 또는 당기손익으로 계상한다. 금액이 큰 회전자재는 분할 상각법을 사용할 수도 있다. 대여하거나 빌려준 회전 자재는 원가를 이월할 필요는 없지만, 참고를 위해 별도로 기록해야 한다.
판매된 재고자산의 경우, 그 원가는 영업 원가로 이월해야 한다.

第十四条 小企业应当根据生产特点和成本管理的要求，选择适合于本企业的成本核算对象、成本项目和成本计算方法。
小企业发生的各项生产费用，应当按照成本核算对象和成本项目分别归集。
（一）属于材料费、人工费等直接费用，直接计入基本生产成本和辅助生产成本。
（二）属于辅助生产车间为生产产品提供的动力等直接费用，可以先作为辅助生产成本进行归集，然后按照合理的方法分配计入基本生产成本；也可以直接计入所生产产品发生的生产成本。
（三）其他间接费用应当作为制造费用进行归集，月度终了，再按一定的分配标准，分配计入有关产品的成本。

제14조 소기업은 생산 특성과 원가 관리 요구에 따라 자사에 적합한 원가 계산 대상, 원가 항목, 원가 계산 방법을 선택해야 한다.
소기업이 발생시키는 모든 생산 비용은 원가 계산 대상과 원가 항목에 따라 각각 집계해야 한다.
(1) 자재비, 인건비 등 직접 비용은 기본 생산 원가와 보조 생산 원가에 직접 계상해야 한다.
(2) 보조 생산 공장에서 제품 생산에 필요한 동력을 제공하는 등 직접 비용은,
- 먼저 보조 생산 원가로 집계한 후, 합리적인 방법으로 기본 생산 원가에 배분해야 하며,

- 또는 바로 생산 제품의 생산 원가에 직접 계상할 수도 있다.
(3) 기타 간접 비용은 제조비용으로 집계하고, 월말에 적절한 배분 기준에 따라 관련 제품 원가에 배분해야 한다.

第十五条 存货发生毁损，处置收入、可收回的责任人赔偿和保险赔款，扣除其成本、相关税费后的净额，应当计入营业外支出或营业外收入。
盘盈存货实现的收益应当计入营业外收入。
盘亏存货发生的损失应当计入营业外支出。

제15조 재고자산이 손상된 경우, 처분 수익, 회수 가능한 책임자의 보상금 및 보험 보상금에서 재고자산의 원가 및 관련 세금을 공제한 순금액은 영업외비용 또는 영업 외 수익으로 계상해야 한다.
재고자산 과잉으로 발생한 수익은 영업 외 수익으로 계상해야 한다.
재고자산 부족으로 발생한 손실은 영업외비용으로 계상해야 한다.

第二节 长期投资　제2절 장기투자

第十六条 小企业的非流动资产，是指流动资产以外的资产。
小企业的非流动资产包括：长期债券投资、长期股权投资、固定资产、生产性生物资产、无形资产、长期待摊费用等。

제16조 소기업의 비유동자산은 유동자산 이외의 자산을 말한다.
소기업의 비유동자산에는 장기 채권 투자, 장기 지분 투자, 고정자산, 생산성 생물자산, 무형자산, 장기 선급비용 등이 포함된다.

第十七条 长期债券投资，是指小企业准备长期（在1年以上，下同）持有的债券投资。

제17조 장기 채권 투자란 소기업이 장기간(1년 이상) 보유할 예정인 채권 투자를 말한다.

第十八条 长期债券投资应当按照购买价款和相关税费作为成本进行计量。
实际支付价款中包含的已到付息期但尚未领取的债券利息，应当单独确认为应收利息，不计入长期债券投资的成本。

제18조 장기 채권 투자는 구매 금액과 관련 세금을 원가로 측정해야 한다.
실제 지급한 금액에 포함된 이자 지급일이 도래했으나 아직 수령하지 못한 채권

이자는 별도로 미수 이자로 계상하고, 장기 채권 투자 원가에는 포함하지 않는다.

第十九条 长期债券投资在持有期间发生的应收利息应当确认为投资收益。

（一）分期付息、一次还本的长期债券投资，在债务人应付利息日按照票面利率计算的应收未收利息收入，应当确认为应收利息，不增加长期债券投资的账面余额。

（二）一次还本付息的长期债券投资，在债务人应付利息日按照票面利率计算的应收未收利息收入，应当增加长期债券投资的账面余额。

（三）债券的折价或者溢价在债券存续期间内于确认相关债券利息收入时采用直线法进行摊销。

제19조 장기 채권 투자 보유 기간 동안 발생한 미수 이자는 투자 수익으로 계상해야 한다.

(1) 이자 분할 지급 및 원금 일괄 상환 방식의 장기 채권 투자는, 채무자가 이자를 지급해야 하는 날에 채권 표면 이율에 따라 계산된 미수 이자 수익을 미수 이자로 계상하며, 장기 채권 투자 장부 잔액에는 추가하지 않는다.

(2) 원금과 이자를 동시에 상환하는 방식의 장기 채권 투자는, 채무자의 이자 지급일에 채권 표면 이율에 따라 계산된 미수 이자 수익을 장기 채권 투자 장부 잔액에 추가한다.

(3) 채권의 할인액 또는 프리미엄은 채권 만기 기간 동안 관련 이자 수익을 인식할 때 직선법(정액법)으로 상각해야 한다.

第二十条 长期债券投资到期，小企业收回长期债券投资，应当冲减其账面余额。

处置长期债券投资，处置价款扣除其账面余额、相关税费后的净额，应当计入投资收益。

제20조 장기 채권 투자 만기 시 소기업이 채권을 회수하면 해당 장부 잔액을 차감해야 한다.

장기 채권 투자를 처분할 경우, 처분 대가에서 장부 잔액과 관련 세금을 차감한 순금액은 투자 수익으로 계상해야 한다.

第二十一条 小企业长期债券投资符合本准则第十条所列条件之一的，减除可收回的金额后确认的无法收回的长期债券投资，作为长期债券投资损失。

长期债券投资损失应当于实际发生时计入营业外支出，同时冲减长期债券投资账面余额。

제21조 소기업의 장기 채권 투자가 본 기준 제10조에서 규정된 조건 중 하나를 충족하고, 회수 가능한 금액을 차감한 후 회수할 수 없는 장기 채권 투자 금액은 장기 채권 투자 손실로 인식한다.

장기 채권 투자 손실은 실제 발생 시 영업외비용으로 계상하고, 동시에 장기 채권 투자 장부 잔액을 차감해야 한다.

第二十二条 长期股权投资，是指小企业准备长期持有的权益性投资。

제22조 장기 지분 투자는 소기업이 장기간 보유할 예정인 지분 투자를 말한다.

第二十三条 长期股权投资应当按照成本进行计量。

（一）以支付现金取得的长期股权投资，应当按照购买价款和相关税费作为成本进行计量。

实际支付价款中包含的已宣告但尚未发放的现金股利，应当单独确认为应收股利，不计入长期股权投资的成本。

（二）通过非货币性资产交换取得的长期股权投资，应当按照换出非货币性资产的评估价值和相关税费作为成本进行计量。

제23조 장기 지분 투자는 원가로 측정해야 한다.

(1) 현금을 지급하여 취득한 장기 지분 투자는 구매 금액과 관련 세금을 원가로 측정해야 한다.

실제 지급 금액에 포함된, 선언되었으나 아직 지급되지 않은 현금 배당금은 별도로 미수 배당금으로 계상하며, 장기 지분 투자 원가에는 포함하지 않는다.

(2) 비화폐성 자산 교환을 통해 취득한 장기 지분 투자는 교환한 비화폐성 자산의 평가 가치와 관련 세금을 원가로 측정해야 한다.

[보충설명] 소기업의 장기 지분 투자는 원가로 측정하므로, 지분법을 적용하지 않는다. 즉 투자 기업의 이익 변화나 가치 변동을 반영하지 않는다.

第二十四条 长期股权投资应当采用成本法进行会计处理。

在长期股权投资持有期间，被投资单位宣告分派的现金股利或利润，应当按照应分得的金额确认为投资收益。

제24조 장기 지분 투자는 원가법에 따라 회계처리해야 한다.
장기 지분 투자 보유 기간 동안 투자 대상 회사가 선언한 현금 배당금이나 이익은 배당받을 금액에 따라 투자 수익으로 인식해야 한다.

第二十五条 处置长期股权投资，处置价款扣除其成本、相关税费后的净额，应当计入投资收益。

제25조 장기 지분 투자를 처분할 경우, 처분 대가에서 원가와 관련 세금을 차감한 순금액은 투자 수익으로 계상해야 한다.

第二十六条 小企业长期股权投资符合下列条件之一的，减除可收回的金额后确认的无法收回的长期股权投资，作为长期股权投资损失：
（一）被投资单位依法宣告破产、关闭、解散、被撤销，或者被依法注销、吊销营业执照的。
（二）被投资单位财务状况严重恶化，累计发生巨额亏损，已连续停止经营3年以上，且无重新恢复经营改组计划的。
（三）对被投资单位不具有控制权，投资期限届满或者投资期限已超过10年，且被投资单位因连续3年经营亏损导致资不抵债的。
（四）国务院财政、税务主管部门规定的其他条件。
长期股权投资损失应当于实际发生时计入营业外支出，同时冲减长期股权投资账面余额。

제26조 소기업의 장기 지분 투자가 다음 조건 중 하나를 충족하고, 회수 가능한 금액을 차감한 후 회수할 수 없는 금액은 장기 주식 투자 손실로 인식한다.
(1) 투자 대상 회사가 법적으로 파산, 폐업, 해산, 또는 폐지가 선언되었거나 영업허가가 취소된 경우.
(2) 투자 대상 회사의 재무 상태가 심각하게 악화되어 누적된 손실이 막대하며, 3년 이상 영업을 중단하였고, 영업 재개 계획이 없는 경우.
(3) 투자 대상 회사에 대한 통제권이 없으며, 투자 기간이 만료되었거나 10년을 초과하였고, 3년 연속 영업 손실로 인해 자본이 부족한 경우.
(4) 국무원 재정 및 세무당국이 규정한 기타 조건.
장기 지분 투자 손실은 실제 발생 시 영업외비용으로 계상하고, 동시에 장기 지분 투자 장부 잔액을 차감해야 한다.

第三节 固定资产和生产性生物资产 제3절 유형자산 및 생산성 생물자산

第二十七条 固定资产，是指小企业为生产产品、提供劳务、出租或经营管理而持有的，使用寿命超过1年的有形资产。

小企业的固定资产包括：房屋、建筑物、机器、机械、运输工具、设备、器具、工具等。

제27조 고정자산이란 소기업이 제품 생산, 서비스 제공, 임대 또는 경영 관리를 위해 보유하며, 사용 수명이 1년을 초과하는 유형 자산을 말한다.

소기업의 고정자산에는 건물, 구조물, 기계, 설비, 운송 수단, 장비, 도구, 공구 등이 포함된다.

第二十八条 固定资产应当按照成本进行计量。

（一）外购固定资产的成本包括：购买价款、相关税费、运输费、装卸费、保险费、安装费等，但不含按照税法规定可以抵扣的增值税进项税额。

（二）自行建造固定资产的成本，由建造该项资产在竣工决算前发生的支出（含相关的借款费用）构成。

（三）投资者投入固定资产的成本，应当按照评估价值和相关税费确定。

（四）融资租入的固定资产的成本，应当按照租赁合同约定的付款总额和在签订租赁合同过程中发生的相关税费等确定。

（五）盘盈固定资产的成本，应当按照同类或者类似固定资产的市场价格或评估价值，扣除按照该项固定资产新旧程度估计的折旧后的余额确定。

제28조 고정자산은 원가로 측정해야 한다.

(1) 외부에서 구입한 고정자산의 원가는 구매 금액, 관련 세금, 운송비, 하역비, 보험료, 설치비 등으로 구성되며, 세법에 따라 공제 가능한 증치세 매입세액은 포함되지 않는다.

(2) 자체적으로 건설한 고정자산의 원가는 완공 결산 이전에 발생한 지출(관련 차입 비용 포함)로 구성된다.

(3) 투자자가 투입한 고정자산의 원가는 평가 가치와 관련 세금에 따라 결정된다.

(4) 금융리스로 취득한 고정자산의 원가는 임대 계약서에 명시된 총 지급액과 계약 체결 시 발생한 관련 세금 등으로 결정된다.

(5) 과잉 발견된 고정자산의 원가는 동일하거나 유사한 고정자산의 시장 가격 또는 평가 가치에서 해당 자산의 상태에 따라 추정된 감가상각액을 차감한 잔액으로 결정된다.

第二十九条 小企业应当对所有固定资产计提折旧,但已提足折旧仍继续使用的固定资产和单独计价入账的土地不得计提折旧。
固定资产的折旧费应当根据固定资产的受益对象计入相关资产成本或者当期损益。
前款所称折旧,是指在固定资产使用寿命内,按照确定的方法对应计折旧额进行系统分摊。应计折旧额,是指应当计提折旧的固定资产的原价（成本）扣除其预计净残值后的金额。预计净残值,是指固定资产预计使用寿命已满,小企业从该项固定资产处铬中获得的扣除预计处铬费用后的净额。已提足折旧,是指已经提足该项固定资产的应计折旧额。

제29조 소기업은 모든 고정자산에 대해 감가상각을 계산해야 하지만, 감가상각이 완료된 후에도 계속 사용하는 고정자산과 별도로 계상된 토지는 감가상각을 하지 않는다.
고정자산의 감가상각비는 해당 자산의 수익 대상에 따라 관련 자산 원가 또는 당기손익으로 계상해야 한다.
위에서 언급한 감가상각은 고정자산의 사용 수명 동안 정해진 방법에 따라 감가상각액을 체계적으로 배분하는 것을 의미한다. 감가상각 대상 금액은 고정자산의 원가에서 추정 잔존가치를 차감한 금액이다. 추정 잔존가치는 고정자산의 사용 수명이 종료된 후 소기업이 해당 자산의 처분을 통해 예상 처분 비용을 공제한 후 받을 수 있는 금액을 의미한다.

第三十条 小企业应当按照年限平均法（即直线法,下同）计提折旧。小企业的固定资产由于技术进步等原因,确需加速折旧的,可以采用双倍余额递减法和年数总和法。
小企业应当根据固定资产的性质和使用情况,并考虑税法的规定,合理确定固定资产的使用寿命和预计净残值。
固定资产的折旧方法、使用寿命、预计净残值一经确定,不得随意变更。

제30조 소기업은 정액법을 사용하여 감가상각을 계산해야 한다. 기술 발전 등으로 인해 감가상각을 가속화할 필요가 있는 경우, 이중체감잔액법 또는 연수합계법

을 사용할 수 있다.

소기업은 고정자산의 성질과 사용 상태를 고려하고, 세법 규정을 반영해 합리적으로 고정자산의 사용 수명과 추정 잔존가치를 결정해야 한다.

고정자산의 감가상각 방법, 사용 수명, 추정 잔존가치는 한 번 결정되면 임의로 변경할 수 없다.

第三十一条 小企业应当按月计提折旧, 当月增加的固定资产, 当月不计提折旧, 从下月起计提折旧; 当月减少的固定资产, 当月仍计提折旧, 从下月起不计提折旧。

제31조 소기업은 월 단위로 감가상각을 계산해야 하며, 당월에 증가한 고정자산은 당월에는 감가상각을 계산하지 않고, 다음 달부터 감가상각을 계산해야 한다. 반대로, 당월에 감소한 고정자산은 당월까지 감가상각을 계산하고, 다음 달부터는 감가상각을 계산하지 않는다.

[보충설명] 한국과 차이가 나는 점이다. 중국은 구입한 당월 감가상각을 진행하지 않는다. 또한 당월에 매각한 고정자산은 당월까지 감가상각을 한다.

第三十二条 固定资产的日常修理费, 应当在发生时根据固定资产的受益对象计入相关资产成本或者当期损益。

제32조 고정자산의 일상적인 수리비는 발생 시점에 고정자산의 수익 대상에 따라 관련 자산 원가 또는 당기손익으로 계상해야 한다.

第三十三条 固定资产的改建支出, 应当计入固定资产的成本, 但已提足折旧的固定资产和经营租入的固定资产发生的改建支出应当计入长期待摊费用。

前款所称固定资产的改建支出, 是指改变房屋或者建筑物结构、延长使用年限等发生的支出。

제33조 고정자산의 개조 비용은 고정자산의 원가에 포함해야 한다. 다만 감가상각이 완료된 고정자산과 운영 임대 고정자산의 개조 비용은 장기 선급비용으로 계상해야 한다.

위에서 언급된 고정자산의 개조 비용이란 건물이나 구조물의 구조를 변경하거나 사용 수명 연장을 위해 발생하는 비용을 의미한다.

第三十四条 处置固定资产, 处置收入扣除其账面价值、相关税费和清理费用后的净额，应当计入营业外收入或营业外支出。
前款所称固定资产的账面价值，是指固定资产原价（成本）扣减累计折旧后的金额。
盘亏固定资产发生的损失应当计入营业外支出。

제34조 고정자산을 처분할 경우, 처분 수익에서 장부가액, 관련 세금 및 처리 비용을 차감한 순금액은 영업 외 수익 또는 영업외비용으로 계상해야 한다.
위에서 언급된 고정자산의 장부가액이란 고정자산의 원가에서 누적 감가상각을 차감한 금액을 의미한다.
재고 조사에서 부족하게 확인된 고정자산으로 인한 손실은 영업외비용으로 계상해야 한다.

第三十五条 生产性生物资产，是指小企业（农、林、牧、渔业）为生产农产品、提供劳务或出租等目的而持有的生物资产。包括：经济林、薪炭林、产畜和役畜等。

제35조 생산성 생물자산이란 소기업(농업, 임업, 목축업, 어업)이 농산물 생산, 서비스 제공 또는 임대 등의 목적으로 보유하는 생물 자산을 말한다. 경제림, 땔감림, 생산 가축 및 작업용 가축 등이 이에 포함된다.

第三十六条 生产性生物资产应当按照成本进行计量。
（一）外购的生产性生物资产的成本，应当按照购买价款和相关税费确定。
（二）自行营造或繁殖的生产性生物资产的成本，应当按照下列规定确定：
1. 自行营造的林木类生产性生物资产的成本包括：达到预定生产经营目的前发生的造林费、抚育费、营林设施费、良种试验费、调查设计费和应分摊的间接费用等必要支出。
2. 自行繁殖的产畜和役畜的成本包括：达到预定生产经营目的前发生的饲料费、人工费及间接费用等必要支出。

제36조 생산성 생물자산은 원가로 측정해야 한다.
(1) 외부에서 구입한 생산성 생물 자산의 원가는 구매 금액과 관련 세금으로 측정한다.
(2) 자체적으로 조성하거나 번식시킨 생산성 생물 자산의 원가는 다음 기준에 따

라 측정한다.
1. 자체적으로 조성한 산림류 생물 자산의 원가는 예정된 생산 목적에 도달하기 전 발생한 조림비, 육림비, 산림 시설비, 품종 시험비, 조사 설계비 및 분배 가능한 간접비용 등을 포함한다.
2. 자체적으로 번식한 생산 가축 및 작업 가축의 원가는 예정된 생산 목적에 도달하기 전 발생한 사료비, 인건비 및 간접비용 등을 포함한다.

第三十七条 生产性生物资产应当按照年限平均法计提折旧。
小企业 (农、林、牧、渔业) 应当根据生产性生物资产的性质和使用情况, 并考虑税法的规定, 合理确定生产性生物资产的使用寿命和预计净残值。

제37조 생산성 생물 자산은 연수 평균법에 따라 감가상각을 계산해야 한다.
소기업(농업, 임업, 목축업, 어업)은 생물 자산의 성격과 사용 조건, 그리고 세법 규정을 고려하여 자산의 사용 수명과 추정 잔존가치를 합리적으로 결정해야 한다.

第四节　无形资产　제4절 무형자산

第三十八条 无形资产, 是指小企业为生产产品、提供劳务、出租或经营管理而持有的、没有实物形态的可辨认非货币性资产。
小企业的无形资产包括: 土地使用权、专利权、商标权、著作权、非专利技术等。

제38조 무형자산이란, 소기업이 제품 생산, 서비스 제공, 임대 또는 경영 관리를 위해 보유하고 있는, 실물 형태가 없는 식별 가능한 비화폐성 자산을 말한다.
소기업의 무형자산에는 토지사용권, 특허권, 상표권, 저작권, 비특허 기술 등이 포함된다.

[보충설명] 무형자산에는 회계 소프트웨어 프로그램도 포함된다. 소기업 대부분이 기업의 무형자산일 것이다.

第三十九条 无形资产应当按照成本进行计量。
（一）外购无形资产的成本包括: 购买价款、相关税费和相关的其他支出 (含相关的借款费用)。
（二）投资者投入的无形资产的成本, 应当按照评估价值和相关税费确定。
（三）自行开发的无形资产的成本, 由符合资本化条件后至达到预定用途前发生的支出（含相关的借款费用）构成。

제39조 무형자산은 원가로 측정되어야 한다.
(1) 외부에서 취득한 무형자산의 원가는 구매 금액, 관련 세금 및 기타 관련 지출(관련 차입 비용 포함)로 구성된다.
(2) 투자자가 투입한 무형자산의 원가는 평가 가치와 관련 세금에 따라 결정된다.
(3) 자체 개발한 무형자산의 원가는 자본화 조건을 충족한 후부터 예정된 용도로 사용할 때까지 발생한 지출(관련 차입 비용 포함)로 구성된다.

第四十条 小企业自行开发无形资产发生的支出，同时满足下列条件的，才能确认为无形资产：
（一）完成该无形资产以使其能够使用或出售在技术上具有可行性；
（二）具有完成该无形资产并使用或出售的意图；
（三）能够证明运用该无形资产生产的产品存在市场或无形资产自身存在市场，无形资产将在内部使用的，应当证明其有用性；
（四）有足够的技术、财务资源和其他资源支持，以完成该无形资产的开发，并有能力使用或出售该无形资产；
（五）归属于该无形资产开发阶段的支出能够可靠地计量。

제40조 소기업이 자체적으로 개발한 무형자산과 관련된 지출은 다음 조건을 모두 충족해야 무형자산으로 인식할 수 있다.
(1) 해당 무형자산을 완성하여 사용할 수 있거나 판매하는 것이 기술적으로 가능할 것.
(2) 해당 무형자산을 완성하고 사용 또는 판매할 의도가 있을 것.
(3) 해당 무형자산을 활용해 생산한 제품이 시장성이 있거나 무형자산 자체가 시장성이 있다는 점을 입증할 수 있을 것. 내부적으로 사용할 경우에는 유용성을 입증해야 한다.
(4) 해당 무형자산의 개발을 완료하고 이를 사용 또는 판매할 수 있는 기술력, 재무 자원 및 기타 자원이 충분할 것.
(5) 해당 무형자산 개발 단계의 지출을 신뢰성 있게 측정할 수 있을 것.

第四十一条 无形资产应当在其使用寿命内采用年限平均法进行摊销，根据其受益对象计入相关资产成本或者当期损益。
无形资产的摊销期自其可供使用时开始至停止使用或出售时止。有关法律规定或合同约定了使用年限的，可以按照规定或约定的使用年限分期摊销。

小企业不能可靠估计无形资产使用寿命的，摊销期不得低于10年。

제41조 무형자산은 사용 수명 내에 정액법으로 상각해야 하며, 수익 대상에 따라 관련 자산 원가 또는 당기손익으로 계상해야 한다.

무형자산의 상각 기간은 사용 가능 시점부터 사용 중지 또는 판매 시점까지이다. 관련 법률 또는 계약에서 사용 기간을 명시한 경우, 해당 규정 또는 약정된 기간에 따라 상각한다.

소기업이 무형자산의 사용 수명을 신뢰성 있게 추정할 수 없는 경우, 상각 기간은 최소 10년 이상이어야 한다.

[보충설명] 무형자산 감가상각은 일반적으로 최소 10년이다.

第四十二条 处臵无形资产，处臵收入扣除其账面价值、相关税费等后的净额，应当计入营业外收入或营业外支出。

前款所称无形资产的账面价值，是指无形资产的成本扣减累计摊销后的金额。

제42조 무형자산을 처분할 경우, 처분수익에서 장부가액, 관련 세금 등을 차감한 순금액은 영업 외 수익 또는 영업외비용으로 계상해야 한다.

위에서 언급된 무형자산의 장부가액은 무형자산의 원가에서 상각누계액을 차감한 금액을 의미한다.

第五节 长期待摊费用　제5절 장기선급비용

第四十三条 小企业的长期待摊费用包括：已提足折旧的固定资产的改建支出、经营租入固定资产的改建支出、固定资产的大修理支出和其他长期待摊费用等。

前款所称固定资产的大修理支出，是指同时符合下列条件的支出：

　（一）修理支出达到取得固定资产时的计税基础50%以上；

　（二）修理后固定资产的使用寿命延长2年以上。

제43조 소기업의 장기 선급비용에는 감가상각이 완료된 고정자산의 개조 비용, 영업 임대 고정자산의 개조 비용, 고정자산의 대규모 수리비용 및 기타 장기 선급비용이 포함된다.

위에서 언급된 고정자산의 대규모 수리비용은 다음 조건을 모두 충족해야 한다.

(1) 수리 비용이 고정자산 취득 시 세금 기초 금액의 50% 이상일 것.
(2) 수리 후 고정자산의 사용 기간이 2년 이상 연장될 것.

第四十四条 长期待摊费用应当在其摊销期限内采用年限平均法进行摊销，根据其受益对象计入相关资产的成本或者管理费用，并冲减长期待摊费用。

（一）已提足折旧的固定资产的改建支出，按照固定资产预计尚可使用年限分期摊销。

（二）经营租入固定资产的改建支出，按照合同约定的剩余租赁期限分期摊销。

（三）固定资产的大修理支出，按照固定资产尚可使用年限分期摊销。

（四）其他长期待摊费用，自支出发生月份的下月起分期摊销，摊销期不得低于3年。

제44조 장기 선급비용은 상각 기간 동안 정액법 사용하여 상각해야 하며, 수익 대상에 따라 관련 자산 원가 또는 관리비로 계상하고, 동시에 장기 선급비용에서 차감해야 한다.

(1) 감가상각이 완료된 고정자산의 개조 비용은 고정자산의 예상 잔여 사용 수명에 따라 분기 상각한다.

(2) 영업 임대 고정자산의 개조 비용은 계약에 명시된 잔여 임대 기간에 따라 분기 상각한다.

(3) 고정자산의 대규모 수리비용은 고정자산의 잔여 사용 수명에 따라 분기 상각한다.

(4) 기타 장기 선급비용은 발생한 달의 다음 달부터 분기 상각하며, 상각 기간은 최소 3년 이상이어야 한다.

第三章 负 债 제3장 부채

第四十五条 负债，是指小企业过去的交易或者事项形成的，预期会导致经济利益流出小企业的现时义务。

小企业的负债按照其流动性，可分为流动负债和非流动负债。

제45조 부채란 소기업이 과거의 거래 또는 사건으로 인해 발생한, 경제적 이익이 소기업에서 유출될 것으로 예상되는 현재의무를 말한다.

소기업의 부채는 유동성에 따라 유동부채와 비유동부채로 구분한다.

第一节 流动负债　제1절 유동부채

第四十六条　小企业的流动负债，是指预计在1年内或者超过1年的一个正常营业周期内清偿的债务。

小企业的流动负债包括：短期借款、应付及预收款项、应付职工薪酬、应交税费、应付利息等。

제46조 소기업의 유동부채는 1년 이내 또는 1년을 초과하는 정상 영업 주기 내에 상환할 것으로 예상되는 부채를 말한다.

소기업의 유동부채에는 단기 차입금, 미지급금 및 선수금, 미지급 급여, 미지급 세금, 미지급 이자 등이 포함된다.

第四十七条　各项流动负债应当按照其实际发生额入账。

小企业确实无法偿付的应付款项，应当计入营业外收入。

제47조 모든 유동부채는 실제 발생한 금액으로 계상해야 한다.

소기업이 상환할 수 없는 미지급금은 영업외수익으로 계상해야 한다.

第四十八条　短期借款应当按照借款本金和借款合同利率在应付利息日计提利息费用，计入财务费用。

제48조 단기 차입금은 차입 원금과 차입 계약상의 이자율에 따라 미지급 이자일에 이자 비용을 계산하여 금융비용으로 계상해야 한다.

第四十九条　应付职工薪酬，是指小企业为获得职工提供的服务而应付给职工的各种形式的报酬以及其他相关支出。

小企业的职工薪酬包括：

제49조 미지급 급여는 소기업이 직원이 제공한 서비스에 대해 지급해야 하는 모든 형태의 보수와 기타 관련 지출을 말한다.

소기업의 직원 급여에는 다음 항목이 포함된다.

　（一）职工工资、奖金、津贴和补贴 직원 급여, 보너스, 수당 및 보조금

　（二）职工福利费 직원 복리후생비

　（三）医疗保险费、养老保险费、失业保险费、工伤保险费和生育保险费等社会保险费 의료보험료, 연금보험료, 실업보험료, 산재보험료 및 출산보험료와 같은 사회보험료

　（四）住房公积金 주택 공제금

（五）工会经费和职工教育经费 노동조합비 및 직원 교육비
（六）非货币性福利 비화폐성 복리후생
（七）因解除与职工的劳动关系给予的补偿 근로계약 해지에 따른 보상금
（八）其他与获得职工提供的服务相关的支出等。기타 직원 서비스 제공과 관련된 지출

第五十条 小企业应当在职工为其提供服务的会计期间，将应付的职工薪酬确认为负债，并根据职工提供服务的受益对象，分别下列情况进行会计处理：

（一）应由生产产品、提供劳务负担的职工薪酬，计入产品成本或劳务成本；

（二）应由在建工程、无形资产开发项目负担的职工薪酬，计入固定资产成本或无形资产成本；

（三）其他职工薪酬（含因解除与职工的劳动关系给予的补偿），计入当期损益。

제50조 소기업은 직원이 서비스를 제공한 회계 기간 동안 지급해야 할 직원급여를 부채로 인식하고, 서비스 제공의 수혜 대상에 따라 다음과 같이 회계처리를 해야 한다.

(1) 제품 생산 또는 서비스 제공으로 인해 발생한 직원 급여는 제품원가 또는 서비스 원가로 계상한다.

(2) 건설 중인 공사 또는 무형자산 개발 프로젝트로 인해 발생한 직원 급여는 고정자산 원가 또는 무형자산 원가로 계상한다.

(3) 기타 직원 급여(근로계약 해지에 따른 보상금 포함)는 당기손익으로 계상한다.

第二节 非流动负债 제2절 비유동부채

第五十一条 小企业的非流动负债，是指流动负债以外的负债。
小企业的非流动负债包括：长期借款、长期应付款等。

제51조 소기업의 비유동부채는 유동부채 이외의 부채를 말한다.
소기업의 비유동부채에는 장기 차입금, 장기미지급금 등이 포함된다.

第五十二条 非流动负债应当按照其实际发生额入账。
长期借款应当按照借款本金和借款合同利率在应付利息日计提利息费

用，计入相关资产成本或财务费用。

제52조 비유동부채는 실제 발생한 금액으로 계상해야 한다.
장기 차입금은 차입 원금과 차입 계약상의 이자율에 따라 이자지급일에 이자 비용을 계산하여 관련 자산의 원가 또는 금융비용으로 계상해야 한다.

第四章 所有者权益 제4장 자기자본

第五十三条 所有者权益，是指小企业资产扣除负债后由所有者享有的剩余权益。
小企业的所有者权益包括：实收资本（或股本，下同）、资本公积、盈余公积和未分配利润。

제53조 소유자 지분은 소기업의 자산에서 부채를 차감한 후 소유자가 가지는 잔여 지분을 말한다.
소기업의 소유자 지분에는 납입자본(또는 주식 자본), 자본잉여금, 이익잉여금, 미분배이익 등이 포함된다.

第五十四条 实收资本，是指投资者按照合同协议约定或相关规定投入到小企业、构成小企业注册资本的部分。
（一）小企业收到投资者以现金或非货币性资产投入的资本，应当按照其在本企业注册资本中所占的份额计入实收资本，超出的部分，应当计入资本公积。
（二）投资者根据有关规定对小企业进行增资或减资，小企业应当增加或减少实收资本。

제54조 납입자본은 투자자가 계약 또는 관련 규정에 따라 소기업에 투입한 자본으로, 소기업의 등록 자본을 구성하는 부분을 말한다.
(1) 소기업이 투자자로부터 현금 또는 비화폐성 자산으로 투입된 자본을 받을 경우, 해당 금액을 등록 자본에서 차지하는 비율에 따라 납입자본으로 계상하며, 초과 금액은 자본잉여금으로 계상한다.
(2) 투자자가 소기업에 자본을 증액하거나 감액하는 경우, 소기업은 납입자본을 증가시키거나 감소시켜야 한다.

第五十五条 资本公积，是指小企业收到的投资者出资额超过其在注册资本或股本中所占份额的部分。
小企业用资本公积转增资本，应当冲减资本公积。小企业的资本公积不得用于弥补亏损。

제55조 자본잉여금은 소기업이 투자자로부터 받은 출자금이 등록 자본 또는 주식 자본에서 차지하는 비율을 초과한 부분을 말한다.
소기업이 자본잉여금을 사용하여 자본을 증자하는 경우, 자본잉여금을 차감해야 하며, 자본잉여금은 손실 보전에 사용할 수 없다.

第五十六条 盈余公积，是指小企业按照法律规定在税后利润中提取的法定公积金和任意公积金。
小企业用盈余公积弥补亏损或者转增资本，应当冲减盈余公积。小企业的盈余公积还可以用于扩大生产经营。

제56조 이익잉여금은 소기업이 법에 따라 세후 이익에서 적립한 법정적립금과 임의적립금을 말한다.
소기업이 이익잉여금을 사용하여 손실을 보전하거나 자본금을 증자하는 경우, 이익잉여금을 차감해야 하며, 이익잉여금은 사업 확장에도 사용할 수 있다.

第五十七条 未分配利润，是指小企业实现的净利润，经过弥补亏损、提取法定公积金和任意公积金、向投资者分配利润后，留存在本企业的、历年结存的利润。

제57조 미분배이익은 소기업이 실현한 순이익 중 손실 보전, 법정적립금 및 임의적립금 적립, 투자자에게 배당 후 소기업에 남은 누적 이익을 말한다.

第五章 收 入 제5장 수익

第五十八条 收入，是指小企业在日常生产经营活动中形成的、会导致所有者权益增加、与所有者投入资本无关的经济利益的总流入。包括：销售商品收入和提供劳务收入。

제58조 수익은 소기업이 일상적인 생산 경영 활동에서 발생한 것으로, 소유자 지분의 증가를 가져오며 소유자의 자본 투입과 관련이 없는 경제적 이익의 총 유입을 말한다. 여기에는 상품 판매 수익 및 서비스 제공 수익이 포함된다.

第五十九条 销售商品收入，是指小企业销售商品（或产成品、材料，下同) 取得的收入。

通常,小企业应当在发出商品且收到货款或取得收款权利时,确认销售商品收入。

　(一) 销售商品采用托收承付方式的,在办妥托收手续时确认收入;

　(二) 销售商品采取预收款方式的,在发出商品时确认收入;

　(三) 销售商品采用分期收款方式的,在合同约定的收款日期确认收入;

　(四) 销售商品需要安装和检验的,在购买方接受商品以及安装和检验完毕时确认收入。安装程序比较简单的,可在发出商品时确认收入;

　(五) 销售商品采用支付手续费方式委托代销的,在收到代销清单时确认收入;

　(六) 销售商品以旧换新的,销售的商品作为商品销售处理,回收的商品作为购进商品处理;

　(七) 采取产品分成方式取得的收入,在分得产品之日按照产品的市场价格或评估价值确定销售商品收入金额。

제59조 상품 판매 수익은 소기업이 상품(또는 완제품, 원재료 등)을 판매하여 얻은 수익을 말한다.

일반적으로 소기업은 상품을 출고하고 대금을 받았거나 대금 수취 권리를 획득한 시점에서 상품 판매 수익을 인식해야 한다.

(1) 상품 판매가 수금 위탁 방식일 경우, 수금 절차 완료 시점에서 수익을 인식한다.

(2) 상품 판매가 선불 방식일 경우, 상품 출고 시점에서 수익을 인식한다.

(3) 상품 판매가 할부 방식일 경우, 계약에 명시된 수금 시점에서 수익을 인식한다.

(4) 상품 판매에 설치 및 검수가 필요한 경우, 구매자가 상품을 수령하고 설치 및 검수가 완료된 시점에서 수익을 인식한다. 설치 절차가 간단할 경우, 상품 출고 시점에서 수익을 인식할 수 있다.

(5) 수수료 방식의 위탁 판매하는 경우, 위탁판매 명세서를 받은 시점에서 수익을 인식한다.

(6) 구형 상품을 교환하여 판매하는 경우, 판매된 상품은 상품 판매로 처리하고 회수된 상품은 구매된 상품으로 처리한다.

(7) 물품 분배 방식으로 수익을 얻는 경우, 물품 분배 시점에서 해당 제품의 시장

가격 또는 평가 가치를 기준으로 판매 수익 금액을 결정한다.

第六十条 小企业应当按照从购买方已收或应收的合同或协议价款，确定销售商品收入金额。
销售商品涉及现金折扣的，应当按照扣除现金折扣前的金额确定销售商品收入金额。现金折扣应当在实际发生时，计入当期损益。
销售商品涉及商业折扣的，应当按照扣除商业折扣后的金额确定销售商品收入金额。
前款所称现金折扣，是指债权人为鼓励债务人在规定的期限内付款而向债务人提供的债务扣除。商业折扣，是指小企业为促进商品销售而在商品标价上给予的价格扣除。

제60조 소기업은 구매자로부터 받은 계약 금액 또는 받을 금액을 기준으로 상품 판매 수익 금액을 결정해야 한다.
상품 판매에 현금할인과 관련된 경우, 현금할인을 공제하기 전 금액을 기준으로 상품 판매 수익 금액을 결정해야 하며, 현금할인은 실제 발생한 시점에서 당기손익으로 계상해야 한다.
상품 판매에 상업 할인과 관련된 경우, 상업할인을 공제한 후 금액을 기준으로 상품 판매 수익 금액을 결정해야 한다.
위에서 언급한 현금할인은 채권자가 채무자에게 정해진 기한 내에 대금을 지급하도록 독려하기 위해 제공하는 할인이며, 상업할인은 소기업이 상품 판매를 촉진하기 위해 정상판매가에서 제공하는 가격 할인이다.

第六十一条 小企业已经确认销售商品收入的售出商品发生的销售退回（不论属于本年度还是属于以前年度的销售），应当在发生时冲减当期销售商品收入。
小企业已经确认销售商品收入的售出商品发生的销售折让，应当在发生时冲减当期销售商品收入。
前款所称销售退回，是指小企业售出的商品由于质量、品种不符合要求等原因发生的退货。销售折让，是指小企业因售出商品的质量不合格等原因而在售价上给予的减让。

제61조 소기업이 이미 인식한 상품 판매 수익에 대해 판매된 상품의 반품(해당 반

품이 당해 연도 또는 이전 연도 판매와 관계없이 발생한 경우 포함)이 발생하면, 반품이 발생한 시점에서 당기 상품 판매 수익에서 차감해야 한다.

소기업이 이미 인식한 상품 판매 수익에 대해 판매된 상품의 할인(상품 품질 불량 등의 이유로 발생하는 경우 포함)이 발생하면, 할인이 발생한 시점에서 당기 상품 판매 수익에서 차감해야 한다.

위에서 언급한 반품은 소기업이 판매한 상품이 품질, 품종 등의 요구 사항에 부합하지 않아 반품되는 것을 말하며, 할인은 소기업이 판매한 상품의 품질이 불량한 경우 판매 가격에서 감면을 제공하는 것을 말한다.

第六十二条 小企业提供劳务的收入，是指小企业从事建筑安装、修理修配、交通运输、仓储租赁、邮电通信、咨询经纪、文化体育、科学研究、技术服务、教育培训、餐饮住宿、中介代理、卫生保健、社区服务、旅游、娱乐、加工以及其他劳务服务活动取得的收入。

제62조 소기업의 서비스 제공 수익은 소기업이 건설 설치, 수리 및 보수, 교통 운송, 창고 임대, 우편 통신, 컨설팅 중개, 문화 스포츠, 과학 연구, 기술 서비스, 교육 훈련, 요식 및 숙박, 중개 내리, 위생 보건, 지역사회서비스, 관광, 오락, 가공 및 기타 노무 서비스 활동을 통해 얻은 수익을 말한다.

第六十三条 同一会计年度内开始并完成的劳务，应当在提供劳务交易完成且收到款项或取得收款权利时，确认提供劳务收入。提供劳务收入的金额为从接受劳务方已收或应收的合同或协议价款。

劳务的开始和完成分属不同会计年度的，应当按照完工进度确认提供劳务收入。年度资产负债表日，按照提供劳务收入总额乘以完工进度扣除以前会计年度累计已确认提供劳务收入后的金额，确认本年度的提供劳务收入；同时，按照估计的提供劳务成本总额乘以完工进度扣除以前会计年度累计已确认营业成本后的金额，结转本年度营业成本。

제63조 같은 회계 연도 내에 시작하고 완료된 서비스는 거래가 완료되고 대금을 수령했거나 수취 권리를 획득한 시점에서 서비스 제공 수익을 인식해야 한다. 서비스 제공 수익액은 서비스 수혜자로부터 받은 또는 받을 계약 금액이다.

서비스 제공이 시작되고 완료되는 시점이 다른 회계 연도에 해당하는 경우, 완공 진행률에 따라 서비스 제공 수익을 인식해야 한다. 연도별 재무상태표일 기준으로, 총 서비스 제공 수익에 공사 진행률을 곱한 금액에서 이전 회계 연도에 이미 인식한 누적 서비스 제공 수익을 차감한 금액을 당해 연도 서비스 제공 수익으로 인식한다. 동시에, 추정된 총 서비스 제공 원가에 완공 진행률을 곱한 금액에서 이전 회계 연도에 이미 인식한 누적 영업 원가를 차감한 금액을 당해 연도 영업 원가로 결산해야 한다.

第六十四条 小企业与其他企业签订的合同或协议包含销售商品和提供劳务时，销售商品部分和提供劳务部分能够区分且能够单独计量的，应当将销售商品的部分作为销售商品处理，将提供劳务的部分作为提供劳务处理。
销售商品部分和提供劳务部分不能够区分，或虽能区分但不能够单独计量的，应当作为销售商品处理。

제64조 소기업이 다른 기업과 체결한 계약 또는 합의서에 상품 판매와 서비스 제공이 포함된 경우, 상품 판매 부분과 서비스 제공 부분이 구별 가능하고 별도로 측정 가능한 경우, 상품 판매 부분은 상품 판매로 처리하고, 서비스 제공 부분은 서비스 제공으로 처리해야 한다.
상품 판매 부분과 서비스 제공 부분이 구별되지 않거나, 구별 가능하더라도 별도로 측정할 수 없는 경우, 상품 판매로 처리해야 한다.

第六章 费 用 제6장 비용

第六十五条 费用，是指小企业在日常生产经营活动中发生的、会导致所有者权益减少，与向所有者分配利润无关的经济利益的总流出。
小企业的费用包括：营业成本、营业税金及附加、销售费用、管理费用、财务费用等。
（一）营业成本，是指小企业所销售商品的成本和所提供劳务的成本；
（二）营业税金及附加，是指小企业开展日常生产经营活动应负担的消费税、营业税、城市维护建设税、资源税、土地增值税、城镇土地使用税、房产税、车船税、印花税和教育费附加、矿产资源补偿费、排污费等；
（三）销售费用，是指小企业在销售商品或提供劳务过程中发生的各种费用，包括销售人员的职工薪酬、商品维修费、运输费、装卸费、包装费、保险费、广告费、业务宣传费、展览费等费用；

（四）管理费用，是指小企业为组织和管理生产经营发生的其他费用。包括：小企业在筹建期间内发生的开办费、行政管理部门发生的费用（包括：固定资产折旧费、修理费、办公费、水电费、差旅费、管理人员的职工薪酬等）、业务招待费、研究费用、技术转让费、相关长期待摊费用摊销、财产保险费、聘请中介机构费、咨询费（含顾问费）、诉讼费等费用。

（五）财务费用，是指小企业为筹集生产经营所需资金发生的筹资费用。包括：利息费用（减利息收入）、汇兑损失、银行相关手续费、小企业给予的现金折扣（减享受的现金折扣）等费用。

제65조 비용이란 소기업이 일상적인 생산 경영 활동에서 발생한 것으로, 소유자 지분을 감소시키며 소유자에 대한 이익 배분과 관련이 없는 경제적 이익의 총 유출을 말한다.

소기업의 비용에는 다음이 포함된다:

(1) 영업 원가: 소기업이 판매한 상품 원가 및 제공한 서비스 원가.

(2) 영업세금 및 부가세: 소비세, 영업세, 도시 유지 관리세, 자원세, 토지 증치세, 도시 토지 사용세, 부동산세, 차량 및 선박세, 인지세, 교육세 추가, 광물 자원 보상비, 오염 배출비 등.

(3) 판매 비용: 상품 판매 및 서비스 제공 과정에서 발생한 각종 비용. (예: 판매원 급여, 수리비, 운송비, 포장비, 보험료, 광고선전비, 전시회 참가비 등).

(4) 관리 비용: 생산 경영 조직 및 관리를 위한 비용(예: 고정자산 감가상각비, 사무용품비, 접대비, 출장비, 관리자 급여, 창업지, 자문료, 소송비, 기술료, 보험료 등).

(5) 금융 비용: 소기업이 자금 조달을 위해 발생한 비용(예: 이자비용, 외환차손, 은행 수수료 등).

第六十六条 通常，小企业的费用应当在发生时按照其发生额计入当期损益。

小企业销售商品收入和提供劳务收入已予确认的，应当将已销售商品和已提供劳务的成本作为营业成本结转至当期损益。

제66조 일반적으로 소기업의 비용은 발생한 시점에서 해당 금액을 당기손익에 계상해야 한다.

소기업이 상품 판매 수익 및 서비스 제공 수익을 이미 인식한 경우, 판매된 상품 및 제공된 서비스의 원가는 영업원가로 당기손익에 결산해야 한다.

第七章 利润及利润分配 제7장 이익 및 이익분배

第六十七条 利润，是指小企业在一定会计期间的经营成果。包括：营业利润、利润总额和净利润。

（一）营业利润，是指营业收入减去营业成本、营业税金及附加、销售费用、管理费用、财务费用，加上投资收益（或减去投资损失）后的金额；

（二）利润总额，是指营业利润加上营业外收入，减去营业外支出后的金额；

（三）净利润，是指利润总额减去所得税费用后的净额。

제67조 이익은 소기업의 특정 회계 기간 동안의 경영 성과를 의미하며, 영업 이익, 총 이익 및 순이익을 포함한다.

(1) 이익: 영업수익에서 영업원가, 영업세금 및 부가세, 판매 비용, 관리 비용, 금융 비용을 차감하고 투자 이익(또는 투자 손실을 차감한 금액)을 더한 금액.

(2) 이익 총액: 영업이익에 영업외수익을 더하고 영업외비용을 차감한 금액.

(3) 순이익: 이익 총액에서 소득세 비용을 차감한 금액.

第六十八条 营业外收入，是指小企业非日常生产经营活动形成的、应当计入当期损益、会导致所有者权益增加、与所有者投入资本无关的经济利益的净流入。

제68조 영업외수익은 소기업의 비일상적인 생산·경영 활동에서 발생한 것으로, 당기손익에 포함되어야 하며 소유자 지분 증가를 가져오고 소유자의 자본 투입과 관련이 없는 경제적 이익의 순유입을 말한다.

第六十九条 政府补助，是指小企业从政府无偿取得货币性资产或非货币性资产，但不含政府作为小企业所有者投入的资本。

（一）小企业收到与资产相关的政府补助，应当确认为递延收益，并在相关资产的使用寿命内平均分配，计入营业外收入；

收到的其他政府补助，用于补偿本企业以后期间的相关费用或亏损的，确认为递延收益，并在确认相关费用或发生亏损的期间，计入营业外收入；用于补偿本企业已发生的相关费用或亏损的，直接计入营业外收入。

（二）政府补助为货币性资产的，应当按照收到的金额计量；

政府补助为非货币性资产的，政府提供了有关凭据的，应当按照凭据上标明的金额计量; 政府没有提供有关凭据的, 应当按照同类或类似资产的市场价格或评估价值计量。

（三）小企业按照规定实行企业所得税、增值税、消费税、营业税等先征后返的, 应当在实际收到返还的企业所得税、增值税（不含出口退税）、消费税、营业税时, 计入营业外收入。

제69조 정부 보조금은 소기업이 정부로부터 무상으로 받은 금전적 자산 또는 비금전적 자산을 말하며, 정부가 소기업 소유자로서 투입한 자본은 포함하지 않는다.

(1) 소기업이 자산과 관련된 정부 보조금을 받은 경우, 이를 이연수익으로 인식하고 해당 자산의 사용 기간에 걸쳐 균등하게 배분하여 영업외수익으로 계상한다. 소기업이 받은 기타 정부 보조금이 이후 기간의 관련 비용 또는 손실을 보상하기 위한 것이라면, 이를 이연수익으로 인식하고 관련 비용을 인식하거나 손실이 발생한 기간에 영업외수익으로 계상해야 한다. 이미 발생한 비용이나 손실을 보상하기 위한 보조금은 직접 영업외수익으로 계상해야 한다.

(2) 정부 보조금이 금전적 자산인 경우, 수령한 금액에 따라 측정한다.
정부 보조금이 비금전적 자산인 경우, 정부가 관련 증빙을 제공한 경우 증빙서에 기재된 금액에 따라 측정하며, 증빙이 없는 경우 유사 자산의 시장가격이나 평가금액에 따라 측정한다.

(3) 소기업이 기업소득세, 증치세(수출 환급 제외), 소비세, 영업세 등의 선징후환(선납 후 반환) 제도를 적용받는 경우, 실제로 세금이 환급된 시점에 이를 영업외수익으로 계상해야 한다.

第七十条 营业外支出, 是指小企业非日常生产经营活动发生的、应当计入当期损益、会导致所有者权益减少、与向所有者分配利润无关的经济利益的净流出。

小企业的营业外支出包括: 存货的盘亏、毁损、报废损失, 非流动资产处臵净损失, 坏账损失, 无法收回的长期债券投资损失, 无法收回的长期股权投资损失, 自然灾害等不可抗力因素造成的损失, 税收滞纳金, 罚金, 罚款, 被没收财物的损失, 捐赠支出, 赞助支出等。

通常, 小企业的营业外支出应当在发生时按照其发生额计入当期损益。

제70조 영업외비용은 소기업의 비일상적인 생산 경영 활동에서 발생한 것으로, 당

기손익에 포함되어야 하며 소유자 지분 감소를 가져오고 소유자에 대한 이익 배분과 관련이 없는 경제적 이익의 순유출을 말한다.

소기업의 영업외비용에는 재고의 장부와 실제 차이로 인한 손실, 손상, 폐기 손실, 비유동자산 처분 손실, 대손손실, 회수 불가능한 장기 채권 투자 손실, 회수 불가능한 장기 주식 투자 손실, 자연재해 등 불가항력으로 인한 손실, 세금 체납금, 벌금, 몰수된 자산의 손실, 기부금, 후원비 등이 포함된다.

일반적으로 소기업의 영업외비용은 발생 시점에 해당 금액을 당기손익으로 계상해야 한다.

第七十一条 小企业应当按照企业所得税法规定计算的当期应纳税额，确认所得税费用。

小企业应当在利润总额的基础上，按照企业所得税法规定进行纳税调整，计算出当期应纳税所得额，按照应纳税所得额与适用所得税税率为基础计算确定当期应纳税额。

제71조 소기업은 기업소득세법에 따라 계산된 당기의 납세 의무액을 기준으로 소득세 비용을 인식해야 한다.

소기업은 이익 총액을 기초로 하여 기업소득세법에 규정된 납세 조정을 실시하고, 당기의 과세소득을 계산하여 이를 기준으로 적용 세율을 적용해 당기의 납세 의무액을 산정해야 한다.

第七十二条 小企业以当年净利润弥补以前年度亏损等剩余的税后利润，可用于向投资者进行分配。

小企业（公司制）在分配当年税后利润时，应当按照公司法的规定提取法定公积金和任意公积金。

제72조 소기업은 당해 연도의 순이익으로 이전 연도의 손실을 보전하고 남은 세후 이익을 투자자에게 배분할 수 있다.

소기업(주식회사)의 경우, 당해 연도의 세후 이익을 배분할 때 회사법 규정에 따라 법정 준비금과 임의 준비금을 적립해야 한다.

第八章 外币业务 제8장 외화거래

第七十三条 小企业的外币业务由外币交易和外币财务报表折算构成。

제73조 소기업의 외화업무는 외화거래와 외화재무제표 환산으로 구성된다.

第七十四条 外币交易，是指小企业以外币计价或者结算的交易。

小企业的外币交易包括：买入或者卖出以外币计价的商品或者劳务、借入或者借出外币资金和其他以外币计价或者结算的交易。

前款所称外币，是指小企业记账本位币以外的货币。记账本位币，是指小企业经营所处的主要经济环境中的货币。

제74조 외화거래란 소기업이 외화로 가격이 책정되거나 결제가 이루어지는 거래를 말한다.

소기업의 외화거래에는 외화로 가격이 책정된 상품 또는 서비스의 매입 및 매각, 외화 자금의 차입 및 대출, 기타 외화로 가격이 책정되거나 결제가 이루어지는 거래가 포함된다.

앞서 언급한 외화란 소기업의 기장통화 이외의 화폐를 의미한다. 기장통화란 소기업이 주로 활동하는 주요 경제 환경에서 사용하는 화폐를 뜻한다.

第七十五条 小企业应当选择人民币作为记账本位币。业务收支以人民币以外的货币为主的小企业，可以选定其中一种货币作为记账本位币，但编报的财务报表应当折算为人民币财务报表。

小企业记账本位币一经确定，不得随意变更，但小企业经营所处的主要经济环境发生重大变化除外。

小企业因经营所处的主要经济环境发生重大变化，确需变更记账本位币的，应当采用变更当日的即期汇率将所有项目折算为变更后的记账本位币。

前款所称即期汇率，是指中国人民银行公布的当日人民币外汇牌价的中间价。

제75조 소기업은 인민폐(RMB)를 기장통화로 선택해야 한다. 그러나 거래의 수입과 지출이 주로 인민폐 이외의 화폐로 이루어지는 소기업은 그 중 하나의 화폐를 기장통화로 선택할 수 있다. 단, 작성된 재무제표는 인민폐 재무제표로 환산되어야 한다.

소기업의 기장통화는 일단 정해지면, 소기업의 주요 경제 환경에 중대한 변화가 발생하지 않는 한 임의로 변경할 수 없다.

소기업이 운영되는 주요 경제 환경에 중대한 변화가 발생하여 기장통화를 변경해야 할 경우, 변경일의 현물환율을 사용하여 모든 항목을 변경된 기장통화로 환산해야 한다.

앞서 언급한 현물환율은 중국인민은행이 발표한 당일 인민폐 외환 중간환율을 의미한다.

[보충설명] 종종 기준환율에 대해 묻는 분들이 있다. 외화거래는 거래 발생일의 인민폐 기준환율을 적용한다. 기말 외화자산 및 부채는, 분기말 또는 연말결산 당일의 인민폐 기준환율을 적용한다. 기준환율이란 중국인민은행이 고시하는 외환 중간가(중간환율)이며, 중국은행의 고시환율과 동일하다.

第七十六条 小企业对于发生的外币交易，应当将外币金额折算为记账本位币金额。

外币交易在初始确认时，采用交易发生日的即期汇率将外币金额折算为记账本位币金额；也可以采用交易当期平均汇率折算。

小企业收到投资者以外币投入的资本，应当采用交易发生日即期汇率折算，不得采用合同约定汇率和交易当期平均汇率折算。

제76조 소기업은 발생한 외화거래를 기장통화 금액으로 환산해야 한다.

외화거래는 최초 인식 시 거래 발생일의 현물환율을 사용하여 외화 금액을 기장통화 금액으로 환산해야 하며, 거래 기간의 평균 환율을 사용할 수도 있다.

소기업이 투자자로부터 외화로 출자받은 자본은 거래 발생일의 현물환율을 사용해 환산해야 하며, 계약상 정해진 환율이나 거래 기간 평균 환율을 사용할 수 없다.

第七十七条 小企业在资产负债表日，应当按照下列规定对外币货币性项目和外币非货币性项目进行会计处理：

（一）外币货币性项目，采用资产负债表日的即期汇率折算。因资产负债表日即期汇率与初始确认时或者前一资产负债表日即期汇率不同而产生的汇兑差额，计入当期损益；

（二）以历史成本计量的外币非货币性项目，仍采用交易发生日的即期汇率折算，不改变其记账本位币金额。

前款所称货币性项目，是指小企业持有的货币资金和将以固定或可确定的金额收取的资产或者偿付的负债。货币性项目分为货币性资产和货币性负债。货币性资产包括：库存现金、银行存款、应收账款、其他应收款等；货币性负债包括：短期借款、应付账款、其他应付款、长期借款、长期应付款等。非货币性项目，是指货币性项目以外的项目。包括：存货、长期股权投资、固定资产、无形资产等。

제77조 소기업은 재무상태표일에 다음 규정에 따라 외화 금전성 항목과 외화 비금전성 항목을 회계처리해야 한다:

(1) 외화 금전성 항목은 재무상태표일의 현물환율로 환산해야 한다. 재무상태표일의 현물환율이 최초 인식 시점이나 이전 재무상태표일의 현물환율과 다를 경우 발생한 환차손익은 당기손익에 반영해야 한다.

(2) 역사적 원가로 측정된 외화 비금전성 항목은 거래 발생일의 현물환율을 계속 사용하며, 기장통화 금액을 변경해서는 안 된다.

위에서 언급한 금전성 항목은 소기업이 보유한 화폐성 자산 또는 고정되거나 확정된 금액으로 수취 가능한 자산 또는 상환해야 할 부채를 의미한다. 금전성 자산에는 현금, 은행 예금, 받을 어음 및 기타 수취 계정 등이 포함되며, 금전성 부채에는 단기 차입금, 지급 어음, 기타 지급 계정, 장기 차입금 및 장기 지급 계정 등이 포함된다. 비금전성 항목에는 재고, 장기 주식 투자, 고정자산 및 무형자산등이 포함된다.

第七十八条 小企业对外币财务报表进行折算时，应当采用资产负债表日的即期汇率对外币资产负债表、利润表和现金流量表的所有项目进行折算。

제78조 소기업은 외화 재무제표를 환산할 때 재무상태표일의 현물환율을 사용하여 외화 재무상태표, 손익계산서, 현금흐름표의 모든 항목을 환산해야 한다.

第九章 财务报表　제9장 재무제표

第七十九条 财务报表，是指对小企业财务状况、经营成果和现金流量的结构性表述。小企业的财务报表至少应当包括下列组成部分：

제79조 재무제표란 소기업의 재무 상태, 경영 성과 및 현금 흐름을 구조적으로 표현한 문서를 말한다. 소기업의 재무제표는 최소한 다음 구성 요소를 포함해야 한다:

（一）资产负债表 재무상태표(대차대조표)

（二）利润表 손익계산서

（三）现金流量表 현금흐름표

（四）附注。주석

第八十条 资产负债表，是指反映小企业在某一特定日期的财务状况的报表。

（一）资产负债表中的资产类至少应当单独列示反映下列信息的项目：

제80조 재무상태표는 특정 날짜에 소기업의 재무 상태를 반영한 문서를 말한다.

(1) 재무상태표의 자산 항목은 최소한 다음 정보를 별도로 표시해야 한다:

1. 货币资金 화폐성 자산
2. 应收及预付款项 미수금 및 선급금
3. 存货 재고자산
4. 长期债券投资 장기 채권 투자
5. 长期股权投资 장기 주식 투자
6. 固定资产 고정자산
7. 生产性生物资产 생산성 생물 자산
8. 无形资产 무형 자산
9. 长期待摊费用。장기 이연비용

（二）资产负债表中的负债类至少应当单独列示反映下列信息的项目：

(2) 재무상태표의 부채 항목은 최소한 다음 정보를 별도로 표시해야 한다:

1. 短期借款 단기 차입금
2. 应付及预收款项 미지급금 및 선수금
3. 应付职工薪酬 직원 급여
4. 应交税费 미지급 세금
5. 应付利息 미지급 이자
6. 长期借款 장기 차입금
7. 长期应付款。장기 미지급금

（三）资产负债表中的所有者权益类至少应当单独列示反映下列信息的项目：

(3) 재무상태표의 소유자 지분 항목은 최소한 다음 정보를 별도로 표시해야 한다:

1. 实收资本 납입 자본금
2. 资本公积 자본 잉여금
3. 盈余公积 이익 잉여금
4. 未分配利润。미처분 이익

（四）资产负债表中的资产类应当包括流动资产和非流动资产的合计项目；负债类应当包括流动负债、非流动负债和负债的合计项目；所有者权益类应当包括所有者权益的合计项目。

(4) 재무상태표의 자산 항목은 유동자산과 비유동자산의 합계 항목을 포함해야 하며, 부채 항목은 유동부채와 비유동부채의 합계 항목을 포함해야 한다. 소유자 지분 항목은 소유자 지분의 총합계 항목을 포함해야 한다.

（五）资产负债表应当列示资产总计项目，负债和所有者权益总计项目。

(5) 재무상태표에는 자산 총계, 부채 총계, 자본 총계 항목을 반드시 표시해야 한다.

第八十一条 利润表，是指反映小企业在一定会计期间的经营成果的报表。费用应当按照功能分类，分为营业成本、营业税金及附加、销售费用、管理费用和财务费用等。

利润表至少应当单独列示反映下列信息的项目：

제81조 손익계산서는 특정 회계 기간 동안 소기업의 경영 성과를 반영한 보고서를 말한다.

비용은 기능에 따라 다음과 같이 분류해야 한다: 영업원가, 영업세금 및 부가세, 판매 비용, 관리 비용, 금융 비용 등.

손익계산서는 최소한 다음 정보를 별도로 표시해야 한다:

（一）营业收入 영업수익
（二）营业成本 영업원가
（三）营业税金及附加 영업세금 및 부가세
（四）销售费用 판매 비용
（五）管理费用 관리 비용
（六）财务费用 재무 비용
（七）所得税费用 소득세 비용
（八）净利润。순이익

[보충설명] 중국 회계는 한국과 달리 손익계산서에서 판매 비용, 관리 비용, 재무 비용, 이 세 가지를 크게 묶어서 보여준다. 한국처럼 급여, 복리후생비, 접대비 등 세부 내역을 바로 알 수 없어서 답답한 부분이다. 만약 상세 항목이 필요하다면, '합계잔액시산표(科目余额表)'를 요청해야 한다. 그런데 이것은 공식적으로 꼭 줘야 하는 자료는 아니어서 요청하지 않으면 담당자가 주지 않는다. 심지어 자기 회사

에서 사용하는 회계 프로그램에서 다운받는 법을 모르는 회계 담당자를 본 적도 있다.

第八十二条 现金流量表，是指反映小企业在一定会计期间现金流入和流出情况的报表。

现金流量表应当分别经营活动、投资活动和筹资活动列报现金流量。现金流量应当分别按照现金流入和现金流出总额列报。

前款所称现金，是指小企业的库存现金以及可以随时用于支付的存款和其他货币资金。

제82조 현금흐름표는 특정 회계 기간 동안 소기업의 현금 유입 및 유출 상황을 반영한 보고서를 말한다.

현금흐름표는 경영 활동, 투자 활동, 자금 조달 활동으로 구분하여 현금 흐름을 보고해야 한다. 현금 흐름은 현금 유입과 현금 유출 총액으로 각각 보고해야 한다.

앞서 언급한 현금이란 소기업의 현금 보유액, 즉시 사용할 수 있는 예금 및 기타 현금성 자산을 의미한다.

第八十三条 经营活动，是指小企业投资活动和筹资活动以外的所有交易和事项。

小企业经营活动产生的现金流量应当单独列示反映下列信息的项目：

（一）销售产成品、商品、提供劳务收到的现金；

（二）购买原材料、商品、接受劳务支付的现金；

（三）支付的职工薪酬；

（四）支付的税费。

제83조 경영 활동이란 소기업의 투자 활동과 자금 조달 활동을 제외한 모든 거래와 사항을 의미한다.

소기업의 경영 활동에서 발생하는 현금 흐름은 다음 정보를 별도로 표시해 보고해야 한다:

(1) 완제품, 상품 판매 및 서비스 제공으로 받은 현금

(2) 원재료, 상품 구매 및 서비스 수취에 지급한 현금

(3) 직원 보수로 지급한 현금

(4) 세금으로 지급한 현금

第八十四条　投资活动，是指小企业固定资产、无形资产、其他非流动资产的购建和短期投资、长期债券投资、长期股权投资及其处置活动。

小企业投资活动产生的现金流量应当单独列示反映下列信息的项目：

（一）收回短期投资、长期债券投资和长期股权投资收到的现金；
（二）取得投资收益收到的现金；
（三）处置固定资产、无形资产和其他非流动资产收回的现金净额；
（四）短期投资、长期债券投资和长期股权投资支付的现金；
（五）购建固定资产、无形资产和其他非流动资产支付的现金。

제84조 투자 활동이란 소기업의 고정자산, 무형자산, 기타 비유동자산의 취득·건설, 단기 투자, 장기 채권 투자, 장기 주식 투자 및 그 처분 활동을 의미한다.

소기업의 투자 활동에서 발생하는 현금 흐름은 다음 정보를 별도로 표시해 보고해야 한다:

(1) 단기 투자, 장기 채권 투자 및 장기 주식 투자를 회수하여 받은 현금
(2) 투자 수익으로 인한 현금
(3) 고정자산, 무형자산 및 기타 비유동자산 처분으로 회수한 현금 순액
(4) 단기 투자, 장기 채권 투자 및 장기 주식 투자를 위해 지출한 현금
(5) 고정자산, 무형자산및 기타 비유동 자산의 취득·건설에 지급한 현금

第八十五条　筹资活动，是指导致小企业资本及债务规模和构成发生变化的活动。

小企业筹资活动产生的现金流量应当单独列示反映下列信息的项目：

제85조 자금 조달 활동이란 소기업의 자본 및 부채 규모와 구조에 변화를 일으키는 활동을 의미한다.

소기업의 자금 조달 활동에서 발생하는 현금 흐름은 다음 정보를 별도로 표시해 보고해야 한다:

（一）取得借款收到的现金 차입으로 인한 현금
（二）吸收投资者投资收到的现金 투자자로부터 유입된 현금
（三）偿还借款本金支付的现金 차입금 원금 상환에 지출한 현금
（四）偿还借款利息支付的现金 차입금 이자 상환에 지출한 현금
（五）分配利润支付的现金。이익 배당으로 지급한 현금

第八十六条　附注，是指对在资产负债表、利润表和现金流量表等报表中列示项目的文字描述或明细资料，以及对未能在这些报表中列示项目的说明等。

附注应当按照下列顺序披露：

（一）遵循小企业会计准则的声明；

（二）短期投资、应收账款、存货、固定资产项目的说明；

（三）应付职工薪酬、应交税费项目的说明；

（四）利润分配的说明；

（五）用于对外担保的资产名称、账面余额及形成的原因；未决诉讼、未决仲裁以及对外提供担保所涉及的金额；

（六）发生严重亏损的，应当披露持续经营的计划、未来经营的方案；

（七）对已在资产负债表和利润表中列示项目与企业所得税法规规定存在差异的纳税调整过程；

（八）其他需要在附注中说明的事项。

제86조 주석이란 재무상태표, 손익계산서 및 현금흐름표 등에 표시된 항목에 대한 서술적 설명이나 세부 자료를 의미하며, 해당 보고서에 표시되지 않은 항목에 대한 설명도 포함한다.

주석은 다음 순서에 따라 공시해야 한다:

(1) 소기업 회계기준을 준수한다는 선언

(2) 단기투자, 매출채권, 재고자산, 고정자산 항목에 대한 설명

(3) 미지급 임금 및 미지급 세금 항목에 대한 설명

(4) 이익배당에 대한 설명

(5) 외부 담보로 제공된 자산의 명칭, 장부 잔액 및 형성 원인, 진행 중인 소송, 중재 및 외부 담보 제공과 관련된 금액

(6) 심각한 손실이 발생한 경우, 지속 경영 계획 및 향후 경영 계획 공시

(7) 재무상태표 및 손익계산서에 표시된 항목과 기업소득세 법규 규정 간의 차이에 대한 납세 조정 과정

(8) 주석에서 추가로 설명해야 할 기타 사항

第八十七条 小企业应当根据实际发生的交易和事项，按照本准则的规定进行确认和计量，在此基础上按月或者按季编制财务报表。

제87조 소기업은 실제 발생한 거래와 사항을 본 기준의 규정에 따라 인식하고 측

정해야 하며, 이를 바탕으로 월별 또는 분기별로 재무제표를 작성해야 한다.

[보충설명] 중국에서는 한국과 달리 규모가 작은 회사도 매월 재무제표를 작성해야 한다. 그나마 전에는 매달 세무서에 재무제표를 전산으로 보고했는데, 지금은 분기별로 보고한다. 그러나 세무서 보고는 분기별로 하더라도 여전히 중국회사들은 대부분 매월 재무제표를 작성하는 관행을 유지하고 있다.

第八十八条 小企业对会计政策变更、会计估计变更和会计差错更正应当采用未来适用法进行会计处理.

前款所称会计政策, 是指小企业在会计确认、计量和报告中所采用的原则、基础和会计处理方法. 会计估计变更, 是指由于资产和负债的当前状况及预期经济利益和义务发生了变化, 从而对资产或负债的账面价值或者资产的定期消耗金额进行调整. 前期差错包括: 计算错误、应用会计政策错误、应用会计估计错误等. 未来适用法, 是指将变更后的会计政策和会计估计应用于变更日及以后发生的交易或者事项, 或者在会计差错发生或发现的当期更正差错的方法.

제88조 소기업은 회계 정책 변경, 회계 추정 변경 및 회계 오류 수정에 대해 미래적용법을 사용하여 회계처리를 해야 한다.

앞서 언급한 회계 정책이란, 소기업이 회계 인식, 측정 및 보고에서 채택한 원칙, 기준 및 회계처리 방법을 의미한다. 회계 추정 변경이란 자산과 부채의 현재 상태 및 예상 경제적 이익과 의무의 변화로 인해 자산 또는 부채의 장부 금액이나 자산의 정기적 소비 금액을 조정하는 것을 의미한다. 과거 오류에는 계산 오류, 회계 정책 적용 오류, 회계 추정 적용 오류 등이 포함된다. 미래적용법이란 변경된 회계 정책 및 회계 추정을 변경일 및 변경일 이후 발생하는 거래나 사항에 적용하거나, 회계 오류가 발생하거나 발견된 당해 기간에 오류를 수정하는 방법을 의미한다.

부록 2 중국 적격증빙 규정

중국 국가세무총국은 2018년에 기업소득세 세전공제 증빙 관리를 강화하고, 세법 집행을 표준화하며 기업 환경을 최적화하기 위해《기업소득세 세전 공제 증빙 관리방법企业所得税税前扣除凭证管理办法》을 제정했다. 세전 공제 증빙이란 기업이 기업소득세 과세소득을 계산할 때 소득 취득과 관련된 합리적인 지출이 실제로 발생했음을 증명하기 위해 사용하는 각종 증빙을 의미한다. 본 방법에서 말하는 기업이란《기업소득세법》및 그 시행규칙에서 규정한 거주기업과 비거주기업을 말한다.

다음에 그 내용을 정리해보았다. 지면 관계상 전문은 싣지 않고 주요한 조항을 번역하고 보충설명을 추가했으니 참고하기 바란다.

企业所得税税前扣除凭证管理办法
(기업소득세 세전 공제 증빙 관리방법)

第四条 税前扣除凭证在管理中遵循真实性、合法性、关联性原则。真实性是指税前扣除凭证反映的经济业务真实，且支出已经实际发生；合法性是指税前扣除凭证的形式、来源符合国家法律、法规等相关规定；关联性是指税前扣除凭证与其反映的支出相关联且有证明力。

제4조 세전 공제 증빙은 진실성, 합법성, 관련성의 원칙에 따라 관리되어야 한다. 신실성은 세전 공제 증빙에 반영된 거래가 진실하고, 지출이 실제로 발생했음을 의미한다. 합법성은 세전 공제 증빙의 형식과 출처가 국가의 법률 및 법규 등 관련 규정을 준수하는 것을 의미한다. 관련성은 증빙이 해당 지출과 관련이 있으며, 그 지출을 입증할 수 있어야 함을 의미한다.

[보충설명] 진실성과 관련성은 많은 분들이 지출 증빙과 관련하여 간과하기 쉬운 부분이다. 특히 중소기업 사장님들 중에 영수증만 제출하면 비용처리가 되는 줄

아는 분이 많다. 그러나 세무상 비용으로 인정받기 위해서는, 진실성과 관련성, 합법성이 있어야 한다. 여기에서 합법성이란 정식 세금계산서나 공인된 지출 증빙이 있는 것을 말한다.

第七条 企业应将与税前扣除凭证相关的资料，包括合同协议、支出依据、付款凭证等留存备查，以证实税前扣除凭证的真实性。

제7조 기업은 세전 공제 증빙과 관련된 자료, 예를 들어 계약서, 지출 근거, 지급 관련 증빙 등을 보관하여 세전 공제 증빙의 진실성을 입증할 수 있도록 보관해야 한다.

[보충설명] 금액이 작은 것들은 세금계산서만 제출해도 되나 보통은 계약서, 은행 송금증, 회계전표 그리고 지출을 증빙할 수 있는 내부 품의 등도 필요하다. 과다한 폐기로 세무조사 받았던 회사에서 폐기계약서, 운반비, 지출증빙, 내부품의까지 세무국에 제출했기에 과다한 폐기임에도 세무조사를 잘 마무리하여 추가 세금이 발생하지 않은 사례도 있다.

第十二条 企业取得私自印制、伪造、变造、作废、开票方非法取得、虚开、填写不规范等不符合规定的发票（以下简称"不合规发票"），以及取得不符合国家法律、法规等相关规定的其他外部凭证（以下简称"不合规其他外部凭证"），不得作为税前扣除凭证。

제12조 기업은 허가 없이 인쇄되었거나, 위조, 변경, 무효화되었거나, 발행자가 불법적으로 취득했거나, 허위로 발행했거나, 작성이 규정에 부합하지 않는 송장(이하 "부적합 송장" 이라 한다)과, 국가 법률 및 규정에 부합하지 않는 기타 외부 증빙자료(이하 "부적합 외부 증빙자료자료" 라 한다)을 세전 공제 증빙으로 사용할 수 없습니다.

[보충설명] 외부에서 허위 영수증을 구입해서 비용처리 했을 경우, 혹은 본인은 몰랐다 해도 상대방이 가짜영수증을 발행했을 경우, 혹은 정상 세금계산서를 발행했지만 매출 증치세 등을 납부하지 않고 야반도주했을 경우 모두 비용인정이 되지 않는다. 고의성이 있다면 최대 500%까지 벌금이 부과되며, 납부지연이자는 하루 0.05%가 부과되니 주의해야 한다. 성실하지 않은 공급상을 거래처로 두었을 때는 세무국이 아닌 회사가 자체 책임을 진다고 보면 될 듯하다. 고의성이 없는 매입자는 억울하겠지만 현실이 그렇다.

第十四条 企业在补开、换开发票、其他外部凭证过程中，因对方注销、撤销、依法被吊销营业执照、被税务机关认定为非正常户等特殊原因无法补开、换开发票、其他外部凭证的，可凭以下资料证实支出真实性后，其支出允许税前扣除：

（一）无法补开、换开发票、其他外部凭证原因的证明资料（包括工商注销、机构撤销、列入非正常经营户、破产公告等证明资料）

（二）相关业务活动的合同或者协议

（三）采用非现金方式支付的付款凭证

（四）货物运输的证明资料

（五）货物入库、出库内部凭证

（六）企业会计核算记录以及其他资料。

前款第一项至第三项为必备资料。

제14조 기업이 송장 또는 기타 외부 증빙자료를 보완하거나 교체하는 과정에서, 거래 상대방의 폐업, 등록 취소, 영업허가 취소, 또는 세무당국에 의해 비정상 사업자로 지정된 경우와 같은 특별한 사유로 인해 송장 또는 기타 외부 증빙자료를 보완하거나 교체할 수 없는 경우, 다음의 자료를 통해 지출의 진실성을 입증한 후 해당 지출을 세전 공제할 수 있다:

(1) 송장 또는 기타 외부 증빙자료를 보완하거나 교체할 수 없는 사유를 입증하는 자료(예: 폐업, 등록 취소, 비정상 사업자 지정, 파산 공고 등)

(2) 관련 사업 활동 계약서 또는 합의서

(3) 비현금 지급 방식에 대한 증빙자료

(4) 물류 운송에 대한 증빙자료

(5) 물품의 출고와 관련된 내부 증빙자료

(6) 기업의 회계 기록 및 기타 보조 자료

상기 1항에서 3항까지는 필수 자료이다.

[보충설명] 중국에서는 영수증과 관련해 선의의 피해사가 발생하더라도 구제되지 않는다. 다만 예외적으로, 위에서 언급한 요건을 충족하면 해당 지출이 기업소득세 계산 시 비용으로 인정된다. 이때 거래의 진실성이 입증되어야 하며, 거래상대방이 사업자를 청산하거나 혹은 세무국에 의해 비정상 사업자로 지정된 경우로 한정된다는 점을 참고하기 바란다.

第十五条 汇算清缴期结束后，税务机关发现企业应当取得而未取得发票、其他外部凭证或者取得不合规发票、不合规其他外部凭证并且告知企业的，企业应当自被告知之日起60日内补开、换开符合规定的发票、其他外部凭证。其中，因对方特殊原因无法补开、换开发票、其他外部凭证的，企业应当按照本办法第十四条的规定，自被告知之日起60日内提供可以证实其支出真实性的相关资料。

제15조 결산 및 납부 기간 이후, 세무당국이 기업이 취득했어야 할 송장 또는 기타 외부 증빙자료를 취득하지 않았거나, 부적격 송장 또는 부적격 외부 증빙자료를 취득했음을 발견하고 이를 기업에 통지한 경우, 기업은 통지일로부터 60일 이내에 송장 또는 기타 외부 증빙자료를 보완하거나 교체해야 한다. 다만, 거래 상대방의 특별한 사유로 인해 송장 또는 기타 외부 증빙자료를 보완하거나 교체할 수 없는 경우, 기업은 제14조의 규정에 따라 통보일로부터 60일 이내에 관련 자료를 제출하여 지출의 진실성을 입증해야 한다.

[보충설명] 최근 세무조사는 골프의 원포인트 레슨처럼, 빅데이터에 의해 추출된 특정 항목에 대해 집중적으로 진행되는 방식이 주를 이룬다. 추가로 기업소득세 정산(한국의 법인세 세무조정)이 완료된 후, 보통 3~6개월 사이에 세무국이 세무사 무소에 의뢰하여 진행하는 세무조사도 있고, 우리가 흔히 알고 있는 직전 2~5년 간의 기간을 대상으로 하는 세무조사도 있다. 이 조항은 기업소득세 정산 후에 하는 세무조사에 적용된다. 즉 기업소득세 정산 후 늦어도 60일내 관련 자료를 제출하라는 이야기다. 실무에서는 2~3일 내 제출을 요구하기도 하니 참고하길 바란다.

第十七条 除发生本办法第十五条规定的情形外，企业以前年度应当取得而未取得发票、其他外部凭证，且相应支出在该年度没有税前扣除的，在以后年度取得符合规定的发票、其他外部凭证或者按照本办法第十四条的规定提供可以证实其支出真实性的相关资料，相应支出可以追补至该支出发生年度税前扣除，但追补年限不得超过五年。

제17조 제15조에 규정된 상황을 제외하고, 기업이 이전 연도에 취득했어야 할 송장 또는 기타 외부 증빙자료를 취득하지 못해 해당 연도에 세전 공제를 받지 못한 경우, 이후 연도에 규정을 충족하는 송장 또는 기타 외부 증빙자료를 취득하거나, 제14조에 따라 지출의 진실성을 입증할 관련 자료를 제출한 경우에는, 해당 지출을 발생 연도로 소급하여 세전 공제할 수 있다. 다만, 소급 기간은 5년을 초과할

수 없다.

[보충설명] 위에 언급한 것처럼, 직전 5년 이내의 외부 적격증빙 자료를 수취한 경우 해당 지출을 발생한 연도로 소급하여 세전 공제를 받을 수 있다. 그러나 이는 규정상 그렇다는 이야기지, 실무에서는 여러 현실적인 제약이 따른다. 예를 들어 5년 전의 세무조정을 진행할 경우, 그동안 제출했던 세무신고 내역들과 5년치 재무제표는 어떻게 할 것인가? 수천만 원, 수억 원의 조정 가치가 있으면 모를까 일반적인 실무에서 이를 진행하기는 쉽지 않다. 물론 쉽지 않다는 말이지 불가능하다는 말은 아니다.

第十九条 企业租用（包括企业作为单一承租方租用）办公、生产用房等资产发生的水、电、燃气、冷气、暖气、通讯线路、有线电视、网络等费用，出租方作为应税项目开具发票的，企业以发票作为税前扣除凭证；出租方采取分摊方式的，企业以出租方开具的其他外部凭证作为税前扣除凭证。

제19조 기업이 사무실, 생산 시설 등 자산을 임대(단독 임차 포함)하면서 발생한 수도, 전기, 가스, 냉방, 난방, 통신 회선, 케이블 TV, 인터넷 등 비용에 대해, 임대인이 이를 과세 항목으로 송장을 발행한 경우 기업은 해당 송장을 세전 공제의 증빙으로 사용할 수 있다.

임대인이 비용을 분배 방식으로 처리하는 경우, 기업은 임대인이 발행한 기타 외부 증빙자료를 세전 공제 증빙으로 사용할 수 있다.

[보충설명] 임대인 또는 건물주가 전기요금을 일괄 납부한 뒤 각 입주자에게 비용을 배분하는 경우, 우리 회사 명의로 된 세금계산서는 없을 것이다. 이때는 건물주가 납부한 전기요금에 대한 영수증 사본과, 각 입주자에게 배분한 비용배분 명세서를 증빙으로 제출하면 기업소득세상 비용이 인정된다는 의미이다.

부록 3 중국 개인소득세법

중국 내에 거주지가 있거나, 거주지가 없더라도 한 과세연도 중에 중국 내에서 누적 183일 이상 거주한 개인은 거주 개인으로 간주된다. 거주 개인은 중국 내외에서 얻은 소득에 대해《개인소득세법个人所得税法》에 따라 개인소득세를 납부해야 한다.

중국 내에 거주지가 없으며 과세연도 동안 중국 중에 누적 183일 미만 거주한 개인은 비거주 개인으로 간주된다. 비거주 개인 역시 중국 내에서 얻은 소득에 대해 개인소득세를 납부해야 한다. 기본 공제 금액은 연간 6만 위안(월 5천 위안)이다. 아래에《개인소득세법》중 주요한 조항을 번역하고 보충설명을 추가했으니 참고하기 바란다.

个人所得税法
(개인소득세법)

第二条 下列各项个人所得，应当缴纳个人所得

제2조 다음 각 항목의 개인소득은 개인소득세 납부 대상이다.
（一）工资、薪金所得 임금 및 급여 소득
（二）劳务报酬所得 노무 소득
（三）稿酬所得 원고료 소득
（四）特许权使用费所得 특허권 사용료 소득
（五）经营所得 사업 소득
（六）利息、股息、红利所得 이자, 배당, 배당금 소득
（七）财产租赁所得 자산 임대 소득
（八）财产转让所得 자산 양도 소득
（九）偶然所得 우발 소득

居民个人取得前款第一项至第四项所得（以下称综合所得），按纳税年度

合并计算个人所得税；非居民个人取得前款第一项至第四项所得，按月或者按次分项计算个人所得税。 纳税人取得前款第五项至第九项所得，依照本法规定分别计算个人所得税。

거주 개인이 위 제1호부터 제4호까지의 소득(이하 '종합소득'이라 한다.)을 얻는 경우, 과세연도를 기준으로 합산하여 개인소득세를 계산한다. 비거주 개인이 제1항부터 제4항까지의 소득을 얻는 경우, 월별 또는 건별로 분리하여 개인소득세를 계산한다.

납세자가 전항 제5항부터 제9항까지의 소득을 얻는 경우, 본 법에 따라 각각 개인소득세를 계산한다.

[보충설명] 모든 개인소득을 합산하는 것이 아니라 급여 소득, 노무 소득(한국의 사업소득세), 원고료 소득, 특허권 사용료 소득 4가지에 대해서만 합산해서 신고한다. 2019년에 개인소득세법이 개정되기 전에는 노무 소득 등으로 타 회사에서 받은 급여는 분리과세되었기 때문에 절세 수단으로 활용되기도 했지만, 개정된 개인소득세법이 시행되는 2019년부터는 종합과세 대상이 되어 적용이 불가하다. 한국과 달리 이자, 배당 등 금융 소득도 금액에 관계없이 분리과세된다는 점 역시 참고하길 바란다.

第三条 个人所得税的税率：
　（一）综合所得，适用百分之三至百分之四十五的超额累进税率（税率表附后）
　（二）经营所得，适用百分之五至百分之三十五的超额累进税率（税率表附后）
　（三）利息、股息、红利所得，财产租赁所得，财产转让所得和偶然所得，适用比例税率，税率为百分之二十。

제3조 개인소득세율은 다음과 같다:
(1) 종합소득에는 3%에시 45%까지의 초과누진세율을 적용한다(세율표는 별첨).
(2) 종합소득에는 3%에서 45%까지의 초과누진세율을 적용한다(세율표는 별첨).
(3) 이자 소득, 배당 소득, 자산 임대 소득, 자산 양도 소득 및 우발 소득에는 20%의 비례세율을 적용한다.

[보충설명] 급여 및 종합소득에 해당하는 항목을 제외한 대부분의 소득은 20%의 분리과세 세율이 적용된다.

劳务报酬所得、稿酬所得、特许权使用费所得以收入减除百分之二十的费用后的余额为收入额。稿酬所得的收入额减按百分之七十计算。

노무 소득, 원고료 소득, 특허권 사용료 소득은 수입 금액에서 20%의 필요경비를 공제한 금액을 소득금액으로 한다. 원고료 소득의 소득금액은 70%로 계산한다.

[보충설명] 노무 소득, 원고료 소득, 특허권 사용료 소득은 급여 소득과 달리, 전액을 소득으로 보는 것이 아니라 20%를 필요경비로 공제한 뒤 나머지 금액을 과세소득으로 산정한다. 이때 원고료 소득은 좀 특이한 방식으로 계산하는데, 20%의 필요경비를 공제한 다음, 그중에서 다시 70%만을 과세소득으로 인정한다. 예를 들어, 원고료 소득이 10만 위안 발생했다면 세금 계산은 다음과 같다: 100,000 × 80%(20% 비용인정) × 70%(소득금액 감액 계산) × 20%(세율) = 11,200. 즉 1만 1200위안이 실제로 납부할 세액이다.

第七条 居民个人从中国境外取得的所得，可以从其应纳税额中抵免已在境外缴纳的个人所得税税额，但抵免额不得超过该纳税人境外所得依照本法规定计算的应纳税额。

제7조 거주 개인이 중국 국외에서 얻은 소득에 대해서는, 국외에서 이미 납부한 개인소득세를 납세액에서 공제할 수 있다. 다만, 공제액은 본 법에 따라 계산된 해당 국외소득에 대한 중국 내과세액을 초과할 수 없다.

[보충설명] 중국 국외에서 얻은 소득이 있다면 해당 국가에서 납부한 세금에 대해 외국납부세액공제를 받을 수 있다는 뜻이다.

第十一条 居民个人取得综合所得，按年计算个人所得税；有扣缴义务人的，由扣缴义务人按月或者按次预扣预缴税款；需要办理汇算清缴的，应当在取得所得的次年三月一日至六月三十日内办理汇算清缴。

제11조 거주 개인이 종합소득을 얻는 경우, 연 단위로 개인소득세를 계산한다. 원천징수의무자가 있는 경우에는, 매월 또는 건별로 세금을 원천징수해 예납해야 한다. 결산 및 정산 신고가 필요한 경우에는, 소득을 얻은 다음 해 3월 1일부터 6월 30일 사이에 신고를 완료해야 한다.

[보충설명] 급여 소득만 있고, 1월 1일부터 12월 31일까지 한 회사에서만 근무한 경우에는, 별도의 추가 신고가 필요하지 않다. 그러나 중간에 이직을 했거나 급여 외 다른 종합소득이 있을 경우에는, 다음해 3월 1일부터 6월 30일 사이에 종합소

득세를 신고해야 한다.

第十三条 纳税人取得应税所得没有扣缴义务人的, 应当在取得所得的次月十五日内向税务机关报送纳税申报表, 并缴纳税款。

纳税人取得应税所得, 扣缴义务人未扣缴税款的, 纳税人应当在取得所得的次年六月三十日前, 缴纳税款; 税务机关通知限期缴纳的, 纳税人应当按照期限缴纳税款。

居民个人从中国境外取得所得的, 应当在取得所得的次年三月一日至六月三十日内申报纳税。

제13조 납세자가 과세소득을 얻었으나 원천징수 의무가 없는 경우, 소득을 얻은 다음 달 15일 이내에 세무 기관에 납세 신고서를 제출하고 세금을 납부해야 한다.

납세자가 과세소득을 얻었으나 원천징수 의무자가 세금을 원천징수하지 않은 경우, 납세자는 소득을 얻은 다음 해 6월 30일까지 세금을 납부해야 하며, 세무 기관이 납부 기한을 통지한 경우 해당 기한 내에 납부해야 한다.

거주 개인이 중국 국외에서 소득을 얻은 경우, 소득을 얻은 다음 해 3월 1일부터 6월 30일 사이에 납세 신고를 해야 한다.

[보충설명] 중국 국외에서 소득이 있는 경우, 다음 해 6월 말까지 납세 신고를 해야 한다. 외국인이라 하더라도 6년 연속 중국에 거주한 경우에는 납세 의무가 생기니 해당되는 분들은 참고하길 바란다.

非居民个人在中国境内从两处以上取得工资、薪金所得的, 应当在取得所得的次月十五日内申报纳税。

비거주 개인이 중국 내에서 두 곳 이상에서 임금 및 급여 소득을 얻은 경우, 소득을 얻은 다음 달 15일 이내에 납세 신고를 해야 한다.

[보충설명] 기본적으로, 거주 외국인이든 비거주 개인이든 중국 내에서 두 곳 이상으로부터 급여를 받을 수 없다. 보통 취업비자가 한 곳에만 유효하게 발급되기 때문이다. 만약 두 곳에서 급여를 받은 경우, 각 회에서 원천징수를 했을 것이므로, 다음해 6월 말까지 종합소득세 합산신고를 해야 한다.

纳税人因移居境外注销中国户籍的, 应当在注销中国户籍前办理税款清算。

납세자가 해외 이주로 인해 중국 주민등록을 말소해야 하는 경우, 주민등록 말소

전에 세금 정산을 완료해야 한다.

第十四条 扣缴义务人每月或者每次预扣、代扣的税款，应当在次月十五日内缴入国库，并向税务机关报送扣缴个人所得税申报表。

제14조 원천징수 의무자는 매월 또는 매회 예납하거나 원천징수한 세금을 다음 달 15일 이내에 국고에 납부해야 하며, 개인소득세 원천징수 신고서를 세무 기관에 제출해야 한다.

[보충설명] 기본적으로 매월 15일이 세무신고 기한이다. 다만 공휴일이 있을 경우 신고납부일은 동일한 기준에 따라 자동으로 이연된다. 예를 들어 매년 10월 초에 국경절 연휴가 있으므로, 9월분 세무신고 납부는 10월 15일이 아니라 10월 22일에서 24일 사이에 정해진다.

第十七条 对扣缴义务人按照所扣缴的税款，付给百分之二的手续费。

제17조 원천징수 의무자에게 원천징수한 세액의 2%를 수수료로 지급한다.

[보충설명] 반가운 규정이다. 원천징수 의무자에게 고생했다고(?) 원천징수한 세액의 2%를 수수료로 환급해준다. 개인소득세 원천징수든 해외 계약에 따른 원천징수든 동일하게 적용된다. 다만 해당 지역 재정이 부족해 이 수수료 지급이 3~4년 지연된 사례도 있었다. 필자가 거주한 상하이에서는 18년간 재정 부족으로 지급 지연이 발생한 적이 단 한 번도 없다. 다만 담당자가 게을러서 신청을 하지 않았거나 실수를 했거나 혹은 과거 담당자가 개인 착복을 하는 경우는 있었다. 지금은 시스템화 되어 개인 착복은 있을 수가 없으니 참고하기 바란다.

부록4 중국 증치세 임시 조례

중화인민공화국 영토 내에서 재화의 판매, 가공, 수리 및 보수서비스 修理修配劳务(이하 '용역'이라 함), 서비스服务 제공, 무형자산 및 부동산의 판매, 재화의 수입을 수행하는 단체 및 개인은 증치세 납부 대상이다. 아래에 《증치세 임시 조례》에서 중요한 내용을 추려 번역하고 보충설명을 달았다.

增值税暂行条例
(증치세 임시 조례)

第二条 增值税税率
 (一) 纳税人销售货物、劳务、有形动产租赁服务或者进口货物, 除本条第二项、第四项、第五项另有规定外, 税率为17%。

제2조 증치세 세율
(1) 납세자가 재화, 용역, 유체 동산 임대 서비스의 판매 또는 재화의 수입을 수행할 경우, 본 조 제2항, 제4항, 제5항에 특별 규정이 없는 한 세율은 17%로 한다.

[보충설명] 현재는 17%가 아니라 13%이다. 이런 점이 중국법의 어려운 점이다. 새로운 법령을 제정해 세율을 변경하는 것이 아니라, 국무원의 통지로 2018년 5월에 기존의 17%에서 16%로 인하되었고, 2019년 4월부터는 다시 13%로 인하되어 현재까지 적용되고 있다.

 (二) 纳税人销售交通运输、邮政、基础电信、建筑、不动产租赁服务, 销售不动产, 转让土地使用权, 销售或者进口下列货物, 税率为11%:
1.粮食等农产品、食用植物油、食用盐;
2.自来水、暖气、冷气、热水、煤气、石油液化气、天然气、二甲醚、沼气、居民用煤炭制品;
3.图书、报纸、杂志、音像制品、电子出版物;
4.饲料、化肥、农药、农机、农膜;

5.国务院规定的其他货物。

(2) 납세자가 교통운송, 우편, 기본 통신, 건축, 부동산 임대 서비스 판매, 부동산 판매, 토지사용권 양도, 또는 아래와 같은 상품을 판매하거나 수입하는 경우 세율은 11%이다:
1. 곡물 등 농산물, 식용 식물성 기름, 식용 소금;
2. 수돗물, 난방, 냉방, 온수, 가스, 액화석유가스, 천연가스, 디메틸에테르, 바이오가스, 가정용 석탄 제품;
3. 도서, 신문, 잡지, 음향 및 영상 제품, 전자출판물;
4. 사료, 비료, 농약, 농기계, 농업용 필름;
5. 국무원이 규정한 기타 상품.

[보충설명] 위 1호에서 말한 보충설명과 같은 경우로, 현재는 9%의 세율을 적용 중이다.

（三）纳税人销售服务、无形资产，除本条第一项、第二项、第五项另有规定外，税率为6%。

(3) 납세자가 서비스, 무형 자산을 판매할 경우, 본 조 제1항, 제2항, 제5항에 특별 규정이 없는 한 세율은 6%로 한다.

（四）纳税人出口货物，税率为零；但是，国务院另有规定的除外。

(4) 납세자가 수출 재화를 판매하는 경우, 세율은 0%로 한다. 단, 국무원이 별도로 규정한 경우는 제외한다.

（五）境内单位和个人跨境销售国务院规定范围内的服务、无形资产，税率为零。
税率的调整，由国务院决定。

(5) 국내 단체 및 개인이 국무원이 정한 범위 내의 서비스 또는 무형 자산을 국경 간에 판매하는 경우, 세율은 0%로 한다. 세율 조정은 국무원의 결정에 따른다.

第三条 纳税人兼营不同税率的项目，应当分别核算不同税率项目的销售额；未分别核算销售额的，从高适用税率。

제3조 납세자가 서로 다른 세율이 적용되는 항목을 겸업하는 경우, 각 항목의 판매액을 구분하여 계산해야 한다. 판매액을 구분하지 않은 경우, 높은 세율이 적용

된다.

[보충설명] 본문 3장의 IMAX 사례(116~117쪽)를 참고하기 바란다.

第四条 除本条例第十一条规定外，纳税人销售货物、劳务、服务、无形资产、不动产（以下统称应税销售行为），应纳税额为当期销项税额抵扣当期进项税额后的余额。应纳税额计算公式：
应纳税额＝当期销项税额－当期进项税额
当期销项税额小于当期进项税额不足抵扣时，其不足部分可以结转下期继续抵扣。

제4조 본 조례 제11조에 규정된 경우를 제외하고, 납세자가 재화, 용역, 서비스, 무형자산 및 부동산(이하 '과세 판매 행위'라 함)을 판매하는 경우, 납부세액은 당기 매출세액에서 당기 매입세액을 공제한 잔액으로 한다.
납부 세액 계산 공식: 납부 세액 = 당기 매출세액 － 당기 매입세액
당기 매출세액이 당기 매입세액보다 적어 공제가 부족한 경우, 부족한 부분은 다음 과세 기간으로 이월하여 계속 공제할 수 있다.

[보충설명] 중국과 한국의 차이점이다. 한국은 증치세 매입세액에 공제 환급을 해주는데, 중국은 매입세액에 대한 환급 개념이 없다. 대신 공제는 기간 제한 없이 해준다. 다만 기업이 청산 시점에 환급되지 않은 매입세액이 남아 있다면, 청산 후 이를 돌려받을 수 없어 사실상 손해를 보는 상황이 발생할 수 있다. 중국의 세무 정책은 지속적으로 개선되고 있으므로, 추후 한국처럼 환급제도가 도입될 가능성도 있다.

第十条 下列项目的进项税额不得从销项税额中抵扣：
（一）用于简易计税方法计税项目、免征增值税项目、集体福利或者个人消费的购进货物、劳务、服务、无形资产和不动产；
（二）非正常损失的购进货物，以及相关的劳务和交通运输服务；
（三）非正常损失的在产品、产成品所耗用的购进货物（不包括固定资产）、劳务和交通运输服务；
（四）国务院规定的其他项目。

제10조 다음 항목의 매입세액은 매출세액에서 공제할 수 없다:
(1) 간이 과세 방식에 해당하는 항목, 증치세 면제 항목, 단체 복리 또는 개인 소비

를 위해 구매한 재화, 용역, 서비스, 무형자산 및 부동산;
(2) 비정상적 손실이 발생한 구매 재화 및 관련 용역과 운송 서비스;
(3) 비정상적 손실이 발생한 재공품 및 완제품 생산에 소요된 구매 재화(고정자산 제외), 용역 및 운송 서비스;
(4) 국무원이 규정한 기타 항목.

[보충설명] 청산할 때 세금을 납부하게 되는 이유 중 하나다. 판매되지 않은 재고가 남아 있다면, 기존에 공제받았던 매입세액을 다시 내어놓아야 하기 때문이다. 그리고 복리후생비나 접대비는 매입세액 공제 대상이 아니다.

第十二条 小规模纳税人增值税征收率为3%，国务院另有规定的除外。

제12조 소규모납세자의 증치세 징수율은 3%로 한다. 단, 국무원이 별도로 규정한 경우는 제외한다.

[보충설명] 별도 국무원의 결정으로 소규모납세자는 2027년 12월 말까지 한시적으로 3%가 아닌 1%의 세율을 적용한다. 우대정책 지속 여부는 2027년 말이 되어야 알 수 있을 것이다.

第十三条 小规模纳税人以外的纳税人应当向主管税务机关办理登记。具体登记办法由国务院税务主管部门制定。
小规模纳税人会计核算健全，能够提供准确税务资料的，可以向主管税务机关办理登记，不作为小规模纳税人，依照本条例有关规定计算应纳税额。

제13조 소규모납세자가 아닌 납세자는 관할 세무기관에 등록을 해야 한다. 구체적인 등록 방법은 국무원 세무 주관 부서에서 정한다.
소규모납세자 중 회계 시스템이 완비되어 있으며 정확한 세무 자료를 제공할 수 있는 자는 관할 세무기관에 등록을 신청할 수 있으며, 소규모납세자로 간주되지 않고 본 조례에 따라 과세 금액을 계산한다.

[보충설명] 소규모납세자는 증치세 매입세액 공제가 가능한 세금계산서를 자체적으로 발행할 자격이 없다. 따라서 세금계산서가 필요한 경우에는, 계산서 대신발행(代开发票) 방식으로 세무국을 직접 방문해 계산서를 발행해야 한다. 번거로운 절차이다. 하지만 위에서 언급한 것처럼, 소규모납세자 중 일정한 요건을 갖춘 기업, 예를 들어 적정 매출이 있고, 지속적으로 증치세 매입세액 공제가 가능한 세

금계산서 발행이 필요한 경우, 세무당국에 신청하여 세금계산서 자체 발행 권한을 승인받을 수 있다. 이 권한을 취득하면 일반과세자처럼 세무국을 방문하지 않고 자체적으로 증치세 매입세액 공제가 가능한 세금계산서를 발행할 수 있게 된다. 참고로, 필자가 직접 관리하는 한 소규모납세자 기업도 약 6개월의 심사 과정을 거쳐 자체 계산서 발행 승인을 받은 적이 있다.

第二十二条　增值税纳税地点

제22조 증치세 납세장소

（一）　固定业户应当向其机构所在地的主管税务机关申报纳税。总机构和分支机构不在同一县（市）的，应当分别向各自所在地的主管税务机关申报纳税；经国务院财政、税务主管部门或者其授权的财政、税务机关批准，可以由总机构汇总向总机构所在地的主管税务机关申报纳税。

(1) 고정 영업소는 해당 기관이 소재한 관할 세무당국에 납세 신고를 해야 한다. 본점과 지점이 동일한 현(縣) 또는 시(市)에 위치하지 않은 경우, 각자 소재지의 관할 세무당국에 각각 납세 신고를 해야 한다. 국무원의 재정 및 세무당국 또는 그 위임을 받은 재정 및 세무 기관의 승인을 받은 경우, 본점에서 본점 소재지의 관할 세무당국에 통합하여 납세 신고를 할 수 있습니다.

（二）　固定业户到外县（市）销售货物或者劳务，应当向其机构所在地的主管税务机关报告外出经营事项，并向其机构所在地的主管税务机关申报纳税；未报告的，应当向销售地或者劳务发生地的主管税务机关申报纳税；未向销售地或者劳务发生地的主管税务机关申报纳税的，由其机构所在地的主管税务机关补征税款。

(2) 고정 영업소가 다른 현(縣) 또는 시(市)로 이동하여 상품이나 서비스를 판매하는 경우, 기관 소재지의 관할 세무당국에 영업 활동에 대해 보고하고 납세 신고를 해야 한다. 만약 보고하지 않은 경우, 판매지나 서비스 발생지의 관할 세무당국에 납세 신고를 해야 한다. 또한 판매지나 서비스 발생지의 관할 세무당국에 신고하지 않은 경우, 기관 소재지의 관할 세무당국이 세금을 보충 징수한다.

（三）　非固定业户销售货物或者劳务，应当向销售地或者劳务发生地的主管税务机关申报纳税；未向销售地或者劳务发生地的主管税务机关申报纳税的，由其机构所在地或者居住地的主管税务机关补征税款。

(3) 비고정 영업소가 상품이나 서비스를 판매하는 경우, 판매지 또는 서비스 발생지의 관할 세무당국에 납세 신고를 해야 한다. 판매지나 서비스 발생지의 관할 세무당국에 신고하지 않은 경우, 영업소 소재지나 거주지의 관할 세무당국이 세금을 보충 징수한다.

（四） 进口货物，应当向报关地海关申报纳税。

(4) 수입 상품의 경우, 세관 소재지에서 납세 신고를 해야 한다.

[보충설명] 수입 상품에 대한 증치세는 세관 소재지의 관할 세무서에 납부한다. 우리는 또한 수입 상품의 매입자이기도 하므로 추후 매출이 발생하여 증치세를 납부할 때, 이미 납부한 수입 증치세에 대해 매입세액 공제를 적용받을 수 있다.

第二十三条　增值税的纳税期限分别为1日、3日、5日、10日、15日、1个月或者1个季度。纳税人的具体纳税期限，由主管税务机关根据纳税人应纳税额的大小分别核定；不能按照固定期限纳税的，可以按次纳税。

纳税人以1个月或者1个季度为1个纳税期的，自期满之日起15日内申报纳税；以1日、3日、5日、10日或者15日为1个纳税期的，自期满之日起5日内预缴税款，于次月1日起15日内申报纳税并结清上月应纳税款。

扣缴义务人解缴税款的期限，依照前两款规定执行。

제23조 증치세의 납세 기한은 각각 1일, 3일, 5일, 10일, 15일, 1개월 또는 1분기로 정한다. 납세자의 구체적인 납세 기한은 관할 세무기관이 납세자가 납부해야 할 세액의 크기에 따라 결정한다. 고정된 기한에 따라 납세가 불가능한 경우, 회차별로 납세할 수 있다.

납세자가 1개월 또는 1분기를 하나의 납세 기간으로 설정한 경우, 기간 종료일로부터 15일 이내에 납세 신고를 해야 한다. 1일, 3일, 5일, 10일 또는 15일을 하나의 납세 기간으로 설정한 경우, 기간 종료일로부터 5일 이내에 세금을 예납하고, 다음 달 1일부터 15일 사이에 납세 신고를 하여 지난달의 납부해야 할 세액을 결산해야 한다.

원천징수 의무자의 세금 납부 기한은 위 두 항의 규정을 따른다.

[보충설명] 실무에서는 대부분 매월 15일에 납부한다. 소규모납세자의 경우 세무 담당 공무원의 승인하에 분기별 납부는 가능하다.

第二十五条　纳税人出口货物适用退（免）税规定的，应当向海关办理出口手续，凭出口报关单等有关凭证，在规定的出口退（免）税申报期内按月向主管税务机关申报办理该项出口货物的退（免）税；境内单位和个人跨境销售服务和无形资产适用退（免）税规定的，应当按期向主管税务机关申报办理退（免）税。具体办法由国务院财政、税务主管部门制定。

出口货物办理退税后发生退货或者退关的，纳税人应当依法补缴已退的税款。

제25조 납세자가 수출 재화에 대해 환급(면세) 규정을 적용받는 경우, 세관에 수출 절차를 이행하고, 수출 신고서 등 관련 증빙을 바탕으로 규정된 환급(면세) 신고 기간 내에 월 단위로 관할 세무기관에 환급(면세) 신고를 해야 한다. 국내 단체와 개인이 국경 간 서비스를 제공하거나 무형 자산을 판매하며 환급(면세) 규정을 적용받는 경우, 규정된 기한 내에 관할 세무기관에 신고해야 한다. 구체적인 방법은 국무원 재정 및 세무 주관 부서에서 제정한다.

수출 재화에 대해 환급 절차를 마친 후 반품 또는 수출 취소가 발생한 경우, 납세자는 법에 따라 환급받은 세금을 다시 납부해야 한다.

[보충설명] 증치세 27개 규정 중 하나이지만, 수출 환급의 업무는 중요하고 상대적으로 복잡하다. 다행히 최근에는 점점 간소화되는 추세다. 수출 환급은 중국 세무국이 유일하게 세금을 돌려주는 제도이기도 하다. 과거 환급까지 1~2개월 이상 소요되기도 했지만, 현재는 자료만 잘 정리되어 있다면 2~3일 안에 환급받을 수 있다.

부록 5 중국 기업소득세법

《중화인민공화국 기업소득세법中华人民共和国企业所得税法》은 중국 내 기업 및 기타 소득을 얻는 조직이 기업소득세를 납부하도록 제정된 법률이다. 중화인민공화국 내에 있는 기업 및 기타 소득을 얻는 조직(이하 '기업'이라 칭함)은 기업소득세 납세 의무자이며, 이 법에 따라 기업소득세를 납부해야 한다. 거주 기업은 중국 내외에서 발생한 소득에 대해 기업소득세를 납부해야 한다.

비거주 기업이 중국 내에 기관이나 장소를 설립한 경우, 해당 기관 또는 장소에서 발생한 중국 내 소득과, 중국 외부에서 발생했으나 해당 기관 또는 장소와 실제로 관련이 있는 소득에 대해 기업소득세를 납부해야 한다.

비거주 기업이 중국 내에 기관이나 장소를 설립하지 않았거나 설립했더라도 소득이 해당 기관 또는 장소와 실제로 관련이 없는 경우, 중국 내에서 발생한 소득에 대해 기업소득세를 납부해야 한다. 개인 소유 기업 및 합자 기업은 이 법이 적용되지 않는다. 여기에서는 중요한 조항만 추려 번역하고 설명을 해보았다.

中华人民共和国企业所得税法
(중화인민공화국 기업소득세법)

第一章 总则 제1장 총칙

第四条 企业所得税的税率为25%。
非居民企业取得本法第三条第三款规定的所得, 适用税率为20%。

제4조 기업소득세율은 25%이다.

비거주 기업이 본 법 제3조 제3항에 규정된 소득을 취득한 경우, 세율은 20%를 적용한다.

[보충설명] 기본적으로 기업소득세율은 25%가 맞다. 다만, 특별 정책 통지에 따라 한시적인 규정들이 있고, 그중 하나는 소형 저이윤 기업에 대해 일반 세율 25%가 아닌 5%의 기업소득세율을 적용하는 규정이다. '소형'이란 종업원 수 300명 이하, 총 자산 5천만 위안 이하, 연간 세법상 이익(과세소득) 300만 위안 이하, 이 세 가지 요건을 모두 충족하는 기업을 말한다. 이들은 2027년 12월 말까지 한시적으로 세율 혜택을 받을 수 있다.

国家税务总局关于落实小型微利企业所得税优惠政策征管问题的公告(국가세무총국, 소규모·소이익 기업소득세 우대 정책 실시와 세무 관리 문제에 대한 공고), 国家税务总局公告2023年第6号(국가세무총국 공고 2023년 제6호)가 이와 관련한 가장 최근 규정이므로, 참고하기를 바란다.

第二章 应纳税所得额 제2장 과세 대상 소득

第五条 企业每一纳税年度的收入总额，减除不征税收入、免税收入、各项扣除以及允许弥补的以前年度亏损后的余额，为应纳税所得额。

제5조 기업의 각 과세 연도 소득 총액에서 비과세 소득, 면세 소득, 각종 공제 및 허용된 이월결손금 보전액을 차감한 잔액은 과세소득이 된다.

第七条 收入总额中的下列收入为不征税收入：
（一）财政拨款
（二）依法收取并纳入财政管理的行政事业性收费、政府性基金
（三）国务院规定的其他不征税收入。

제7조 총수입 중 다음의 수입은 비과세 소득으로 간주된다.
(1) 재정 보조금
(2) 법에 따라 징수되며 재정 관리에 포함된 행정 업무 수수료 및 정부성 기금
(3) 국무원이 규정한 기타 비과세 소득

[보충설명] 지금까지 적지 않은 재정 보조금을 받아왔지만, 면세가 되는 것이 있고, 그렇지 않은 것이 있으므로, 재정 보조금을 수취할 때 별도의 확인이 필요하다.

第九条 企业发生的公益性捐赠支出，在年度利润总额12%以内的部分，准予在计算应纳税所得额时扣除。

제9조 기업이 지출한 공익적 기부 지출은 연간 이익 총액의 12% 이내의 범위에서 과세 대상 소득 계산 시 공제가 허용된다.

[보충설명] 이익이 있는 회사만 기부를 인정한다는 규정이다. 이익의 12% 한도내에서 공제가 가능하다.

第十八条 企业纳税年度发生的亏损,准予向以后年度结转,用以后年度的所得弥补,但结转年限最长不得超过五年。

제18조 기업의 과세 연도에 발생한 손실은 이후 연도로 이월하여 이후 연도의 소득으로 보전할 수 있지만, 이월 기간은 최대 5년을 초과할 수 없다.

[보충설명] 손실(결손)이 나면 이후 5년까지는 이익이 나더라도 공제를 해준다는 규정이다.

第二十七条 企业的下列所得,可以免征、减征企业所得税:
(一) 从事农、林、牧、渔业项目的所得;
(二) 从事国家重点扶持的公共基础设施项目投资经营的所得;
(三) 从事符合条件的环境保护、节能节水项目的所得;
(四) 符合条件的技术转让所得;
(五) 本法第三条第三款规定的所得。

제27조 기업의 다음과 같은 소득에 대해 기업소득세를 면제하거나 경감할 수 있다.
(1) 농업, 임업, 목축업, 어업 프로젝트에서 발생한 소득
(2) 국가가 중점적으로 지원하는 공공 인프라 프로젝트에 투자·운영한 소득
(3) 요건을 충족하는 환경보호, 에너지 절약 및 절수 프로젝트에서 발생한 소득
(4) 요건을 충족하는 기술 이전 소득
(5) 본 법 제3조 제3항에서 규정한 소득

[보충설명] 기술 이전 소득은 증치세 면세 신청도 가능하고, 기업소득세 면세 혹은 경감도 가능하다. 증치세 면세는 직접 진행한 적이 있지만 기업소득세 면세를 진행한 사례는 아직 본 적이 없다.

第二十八条 符合条件的小型微利企业,减按20%的税率征收企业所得税。

제28조 요건을 충족하는 소규모 및 영세 기업은 기업소득세를 20%의 세율로 낮춰 징수한다.

国家需要重点扶持的高新技术企业，减按15%的税率征收企业所得税。
국가에서 중점적으로 지원이 필요한 첨단 기술 기업은 기업소득세를 15%의 세율로 낮춰 징수한다.

[보충설명] 고신(高新)기술이라고 하여 기업소득세 25%가 아닌 15%를 적용을 받을 수 있다. 고급기술임을 증명하는 인증 절차를 거쳐야 한다.

第二十九条 民族自治地方的自治机关对本民族自治地方的企业应缴纳的企业所得税中属于地方分享的部分，可以决定减征或者免征。

제29조 민족 자치 지역의 자치 기관은 해당 민족 자치 지역 내 기업이 납부해야 하는 기업소득세 중 지방이 배분받는 부분에 대해 감면하거나 면제할 수 있다.

自治州、自治县决定减征或者免征的，须报省、自治区、直辖市人民政府批准。
자치주 및 자치현에서 감면 또는 면제를 결정할 경우, 성, 자치구, 직할시 인민정부의 승인을 받아야 한다.

[보충설명] 과거에는 중앙정부 승인 없이 지방정부에서 세제 혜택을 진행한 사례들이 적지 않았지만, 최근 관리가 강화가 되며 중앙정부 승인받지 않은 것들은 점차 사라지고 있다.

第三十条 企业的下列支出，可以在计算应纳税所得额时加计扣除：
(一) 开发新技术、新产品、新工艺发生的研究开发费用；
(二) 安置残疾人员及国家鼓励安置的其他就业人员所支付的工资。

제30조 기업의 다음 지출은 과세 소득금액 계산 시 추가 공제를 받을 수 있다.
(1) 신기술, 신제품, 신공정 개발을 위한 연구개발 비용
(2) 장애인 및 국가에서 장려하는 기타 취약계층의 고용에 대해 지급된 임금

[보충설명] 대표적으로 연구개발비는 100%가 아니라 200% 공제를 해주기도 한다.

第五章 源泉扣缴　제5장 원천징수

第三十七条 对非居民企业取得本法第三条第三款规定的所得应缴纳的所得税，实行源泉扣缴，以支付人为扣缴义务人。税款由扣缴义务人在每次支付或者到期应支付时，从支付或者到期应支付的款项中扣缴。

제37조 비거주 기업이 본 법 제3조 제3항에서 규정한 소득에 대해 납부해야 할

소득세는 원천징수 방식으로 징수하며, 지급자를 원천징수 의무자로 한다. 세금은 원천징수 의무자가 매번 지급하거나 지급기일에 납부해야 할 금액에서 공제하여 징수한다.

[보충설명] 해외송금 시 원천징수를 하는 항목들로는 용역비 해외송금, 배당금 해외송금 등이 있다. 또한 해외기업 간의 M&A가 진행될 때 피대상기업인 중국 법인이 세금을 대신 납부하고 대신 수취하는 그 금액을 환급하는 경우도 있다.

第六章 特别纳税调整 제6장 특별 납세 조정

第四十三条 企业向税务机关报送年度企业所得税纳税申报表时, 应当就其与关联方之间的业务往来, 附送年度关联业务往来报告表。
税务机关在进行关联业务调查时, 企业及其关联方, 以及与关联业务调查有关的其他企业, 应当按照规定提供相关资料。

제43조 기업은 연간 기업소득세 신고서를 세무당국에 제출할 때, 관계 기업과의 거래에 관한 연간 관계 거래 보고서를 첨부해야 한다.
세무당국이 관계 거래 조사를 수행할 때, 기업 및 그 관계 기업, 그리고 관계 거래 조사와 관련된 기타 기업은 규정에 따라 관련 자료를 제공해야 한다.

[보충설명] 이전가격 관련 사항으로 거래금액이 일정 금액 이상일 때 이전가격보고서를 준비해야 하고(예: 연간 비무역거래 4천만 위안 이상) 그 외 세무국 등 별도 요청 시에도 이전가격 보고서를 작성해야 한다.

第七章 征收管理 제7장 징수 관리

第五十四条 企业所得税分月或者分季预缴。
企业应当自月份或者季度终了之日起十五日内, 向税务机关报送预缴企业所得税纳税申报表, 预缴税款。

제54조 기업소득세는 월별 또는 분기별로 예납한다.
기업은 매월 또는 분기 종료일부터 15일 이내에 세무당국에 기업소득세 예납 신고서를 제출하고 예납세를 납부해야 한다.

[보충설명] 대부분의 경우 분기말 이후 15일 내 기업소득세를 신고 및 납부한다.

참고자료

중국 세무에 대해서 알아보고 싶어도 사실 참고할 자료가 많지는 않다. 단순한 경험을 소개하는 책들은 있지만, 세법 등 관련 법령의 규정을 함께 다루면서 실무에 실질적으로 도움이 되는 내용을 담은 책은 드물기 때문이다. 이는 중국 세무에 대한 접근을 어렵게 만드는 매우 아쉬운 부분이다. 그래도 더 알고 싶은 독자들이 찾아볼 수 있도록, 필자가 집필 과정 중에 참고한 몇 가지 자료와 사이트를 소개한다.

- 《2024년 재중납세자가 알아야 할 한중 세금상식》, 국세청, 2024년 6월.
- 《2023 알기 쉬운 중국 세법》, 주중 대한민국대사관, 2023년 11월.
- 전국기업신용정보공시시스템 全国企业信用信息公示系统 (https://www.gsxt.gov.cn): 중국의 모든 회사의 기본 기업정보를 확인할 수 있는 곳, 지분담보 여부 확인도 가능하다.
- 중국재정부(https://www.mof.gov.cn): 중국 중앙 정부의 주요 재정

관리 기관으로 세금 종류, 세율, 감면 규정 등 큰 틀의 세금정책을 발표하고 관리한다.
- 중국세무총국(https://www.chinatax.gov.cn): 실질적으로 세금의 징수와 집행을 담당하는 기관이다.
- 중국 비즈니스 실무 카페(http://cafe.naver.com/kotradalian): 중국에서 노동실무와 관련한 최고의 사이트이다. 매일 노동 및 기타 규정 및 실무사례가 업데이트된다. 필자도 8년째 유료회원으로 가입 중이다.

절세와 벌금 사례로 풀어보는
중국 세무 가이드

초판 1쇄 발행 | 2025년 5월 7일

지은이 | 노성균
펴낸이 | 이은성
펴낸곳 | e비즈북스
편 집 | 김승현
디자인 | 백지선
주 소 | 서울시 종로구 창덕궁길 29-38, 4-5층
전 화 | (02) 883-9774
팩 스 | (02) 883-3496
이메일 | ebizbooks@naver.com
등록번호 | 제2021-000133호

ISBN 979-11-5783-370-2 03320

e비즈북스는 푸른커뮤니케이션의 출판 브랜드입니다.